JN438930

역사 속의 재일동포

역사 속의 재일동포

초판 1쇄 발행 2025년 9월 19일

저 자 | 김인덕
편 자 | 윤관백
펴낸곳 | 선인
등 록 | 제5-77호(1998.11.4)
주 소 | 서울시 양천구 남부순환로 48길 1(신월동 163-1) 1층
전 화 | 02)718-6252/6257
팩 스 | 02)718-6253
이메일 | suninbook@naver.com

정가 12,000원
ISBN 979-11-6068-253-3 93910

· 잘못된 책은 바꿔 드립니다.

在 日 同 胞

역사 속의 재일동포

김인덕

선인

| 글을 시작하며 |

2024년 일본 고등학교 야구선수권 대회에서 교토국제고가 우승한 일이 있었다. 재일동포 민족학교가 우승한 것인데…. 이들에 대해 한국 사회는 잠시 주목했다. 재일동포, 아니 일본 사는 한국 사람에 대해 최근 우리 사회는 무관심하다.

한국이나 일본 한국 모두 코로나19 팬더믹 시대를 살았다. 이 변화하는 이전과 달리 우리의 이동을 부자연스럽게 만들었다.

실제로 코로나19 팬더믹 직전의 시대는 모빌리티의 시대였다. 이런 시대는 과학의 발전이 바탕이었다. 그러나 과학은 인간을 어렵게 하기도 했다. 인간을 중심에 두고 역사를 서술한다면 말살되는 인간에 주목해야 한다고 생각한다. 아직도 식민지배는 우리에게는 현재적 숙제이다. 그리고 이것은 재일동포 사회 속에 그대로 녹아있다.

한국에서는 보통 일본에 사는 우리 민족을 재일동포라고 한다. 재일동포라고 하는 이 단어를 얘기할 때 먼저 생각나는 것은 무엇일까.

재일동포, 분명 재일조선인과 같은 대상을 얘기하는 단어이다. 해외 다른 지역의 우리 동포와 달리 일본에 사는 재일동포는 우선적으로 일본이 필요해서 갔고, 일본의 보통 사람과 달리 살아왔다. 이 재일동포라는 표현은 '재일한국인', '재일조선인', '재일코리안', '재일한국·조선인' 등으로도 불린다. '재일한국인'이란 일본에 거주하는 한국 국민이라는 말이다. 즉, 대한민국의 국적을 가진 사람이라는 말로 이해할 수 있다. 그러면 한국 국적이 없는 사람은 뭐라고 할까.

'재일조선인'이라는 개념은 식민지 조선 때 한반도에서 일본에 끌려간 사람 보통을 칭하는 용어이다. '재일코리안'은 새로운 용어로 남북을 포괄하기 위해 만들어진 표현이라고 생각해 본다. 우리가 한국인, 코리안임에는 틀림없다.

또한 소수이지만 '재일(在日)'이라는 용어로 재일조선인을 가리키기도 한다.

일본에서 어떻게 살던지, 어떤 민족단체에 참가하고 있든지, 외국인으로 어떻게 등록되어 있든 간에, 일본에 간 우리 민족, 한민족은 존재한다. 이들을 생각해 본다.

본고는 필자가 쓴 여러 글과 관련 연구에 기초해 작성되었다. 각주로 인용의 내용을 표현하지 못한 부분이 있음을 미리 밝혀둔다.

이 책을 마무리하면서 청암대학교 재일코리안연구소의 설립을 비롯해 재일동포 연구에 많은 도움을 준 강명운 전 총장님께 감사드린다.

2025년 9월 19일

순천에서 저자

| 차 | 례 |

III 지금도 일본에서 그리고 한반도에 사는 재일동포

IV 미래의 재일동포

I

재일동포란 누구인가

| 1 |

재일동포란?

재일동포는 일본에 자리 잡고 산 사람을 말한다.[1] 이들의 역사는 일본제국주의에 대한 조선인 저항의 역사이다. 그리고 재일동포는 식민지 피지배와 민족분단이라는 다난한 민족사의 한 모습이다.

앞에서 서술했듯이 재일동포, 이들은 재일조선인, 재일한국인, 자이니치(在日), 조센진 등이라고 불린다. 2023년 최근 한국의 통계에서는 일본에 사는 이들 한민족을 약 80만으로 생각한다. 일본 법무성 산하의 입국관리국의 2020년 말 기준 통계로는 등록 재일한국인이 약

1 정진성, 『재일동포』, 서울대학교출판문화원, 2018 참조.

45만 명이다.[2]

재일동포는 일제 식민지배의 역사적 결과로 일본에 살게 된 조선인과 그 자손이다. 재일동포라는 용어는 한국적 관점에서 본 일본의 한민족이다. 이른바 '재일 1세'란 어린 시절을 조선에서 보내고, 1945년 8월 일본의 패전 이전에 일본으로 간 사람이다. 이들이 겪은 식민지 시대 경험은 강렬한 민족의식의 토대가 되었다. 따라서 이들의 사상은 식민지 체험에서 성립된 것이라고 할 수 있다.

이들은 일반적인 소수 민족과는 다른 독특한 존재이다. 재일동포는 본국을 가진 정주 외국인으로서, 그 정주지가 다름 아닌 일본이다. 게다가 본국이 분단되어 있고, 그중 북한은 정주국 일본과 수교가 단절되어 있다. 이들이야말로 횡적으로도 종적으로도 분단된 존재이다.

오늘날의 재일동포도 신세대의 시대를 맞이했다. 이들의 경우 명확한 경계나 단일한 정치적 의지를 갖고 생각하기 어렵다. 아무리 민족교육을 받았다고 해도 이들이 남이나 북을 조국으로 보기에는 무리가 있다. 세대교체가 진행되고 있을 뿐만 아니라 절대 다수가 일본에서

---

2 国籍·地域別 在留資格(在留目的)別 在留外国人 日本政府統計(2021년 10월 25일 확인) 참조.

태어나 자라는 현실에서, 민족적 정체성 구축은 어떻게 보면 허구에 가깝다.

재일동포 신세대에게는 일본이 조국이자 모국이 되어 간다. 어느 재일동포 역사학자는 재일동포 전체의 정체성을 관찰해 보면, 신세대가 민족적 정체성을 유지하는 것은 공상에 지나지 않는다고 했다.

현재를 넘어 미래의 재일동포에게 무엇이 문제인지 생각해 보자. 일본에서 살아간다는 것은 곧 현실에서 일생을 어떻게 살 것인가 하는 문제로 이어진다. 그 핵심은 어떻게 자기 혁신과 사상 변혁을 이루어 세계에 통용되는 보편성을 획득할 것인가 하는 점이다.

재일동포는 지금 일본에서 살고 있다. 이들은 1세의 도일로부터 현재 110년 이상 지난 세월을 살고 있다. 현재 재일동포는 1세에서 5세로 이어져 오고 있다. 1세의 삶은 고난 그 자체였다. 이들은 적극적으로 삶을 개척해 왔다. 일하면서, 독립운동하면서 자신의 민족성을 지켰다. 그리고 민족학교도 세워 지금도 교육을 하고 있다. 1세에 뒤이어 재일동포 사회를 주도해 온 2, 3세는 일본 사회의 차별적인 환경 속에서 존재해 왔다. 자신의 권리를 지키려고 투쟁을 벌였다. 그리고 민족문화를 계승하고 발전함에 적극적이었다.

재일동포는 3세, 4세 그리고 5세대로 이어지고 있다. 그리고 뉴커머의 새로운 집단이 또 다른 정치권력을 형성해 오고 있는 것도 사실이다.

지금도 재일동포는 현재한다. 그들은 식민지 조선 사람이 아닌 한반도 출신으로 산다.

II

역사 속의 재일동포

| 1 |

재일동포의 이주, 일본에 산다

일본에는 재일동포가 여러 곳에 산다. 개별적으로도 살지만 모여 산다. 재일동포가 모여 사는 동네를 코리아타운이라 한다. 여러 공간 가운데 도쿄 신오쿠보(新大久保) 역 일대와 오사카 츠루하시(鶴橋)역 근처 이쿠노(生野) 일대의 코리아타운이 유명하다. 먼저 오사카 츠루하시역 이쿠노 일대 코리아타운을 보자.

1) 오사카 츠루하시역 코리아타운

오사카 츠루하시역 근처 이쿠노 일대에 언제부터 본격적으로 재일동포가 모여들었나? 1920년대 츠루하시역 부근에 히라노가와(平野川)에 운하를 건설할 때 재일동포가 마을을 이루고 모여 살기 시작한 것이 지금에 이르렀다. 츠루하시역 주변에 있는 조선시장은 코리아타운의 특징을 가장 잘 보여주는 곳이다. 이곳의 많은 사람이 한국말을 쓰고, 한국에서 판매하는 물건을 수입하여 팔고 있다. 한국 식품점을 중심으로 한복 집과 야키니쿠 집 등이 있어, 한국의 정취를 느끼고 싶은 재일동포 뿐만 아니라 한국 문화를 알고 싶은 일본 사람들도 많이 찾는다. 이곳은 이전의 이카이노(猪飼野), 없어진 공간 재일동포의 삶이 녹아 있다.[1]

앞서 이야기했듯이 재일동포가 모인 것은 히라노가와에 운하를 만들었기 때문이었다. 이 공사는 츠루하시경지정리조합(鶴橋耕地整理組合)에 의해 1919년 3월에 시작되어 1923년에 완성되었다. 연장 2,144미터, 폭 16미터였다. 1923년 인구 증가 현상이 이 지역에 나타났다. 이 공사에 참가한 노동자들과 함께 각종 직공이 이 지역으로 들어와서 함께 살아갔고 초기에는 이곳에 판자와 흙을 모아서 마치 돼지우리 같이 집을 짓고 살았다.

이카이노의 이른바 조선촌은 1928년 162호, 1,577명 거주했다. 오래된 나가야(長屋)에서 살았다.

---

1 김인덕, 『오사카 재일조선인의 역사와 일상』, 선인, 2020 참조.

이카이노는 역사 공간이다. 일본 고대사에서 보면 인덕천황(仁德天皇)의 시대에 많은 도래인(渡来人)이 왔다. 도래인이 돼지를 길들이는 풍습이 있었기 때문에 이 지역을 '이카이노'라고 부르게 되었다. 또한 문헌상 일본에서 가장 오래된 다리가 이곳을 흐르는 백제강(百済川)에 놓여, 에도시대(江戸時代)에는 츠루노바시(つるのはし)라고 했다. 지금의 츠루하시의 기원이다.

현재는 이 일대에 코리아타운이 형성되었다. 이렇게 이카이노에 재일동포가 정주하게 된 이유는 무엇일까.

첫째, 중소 영세기업이 많았기 때문에 일본어를 구사하지 못하는 재일동포라도 건강한 육체만 갖고 있으면 일자리를 찾기 쉬웠다. 둘째, 재일동포가 거주할 수 있던 주택이 있었다. 당시 재일동포에게 집을 빌려주는 일본인은 거의 없었다. 하지만 이 지역의 주택은 저습지대로 밭을 메워 지어졌기 때문에 비가 오면 도로가 진흙탕이 되고, 비가 많이 내리면 침수하는 등 악조건이었다. 이 때문에 일본인이 집을 빌리는 경우는 거의 없었다. 그래서 집 주인들은 할 수 없이 재일동포에게 집을 빌려주었다.

일할 장소와 잠자리가 확보되고 나면 먹거리에 대한 해결이 시급한 문제다. 의복과 주거는 금방 적응하지만, 적응하기 힘든 가장 보수적인 것은 역시 음식이었다. 어

렸을 때부터 몸에 벤 음식을 바꾸기가 어렵기 때문이다. 조선시장은 이카이노에 존재했다. 초기에는 시장이 공설시장(公設市場)이 아니었다. 1920년대 초 처음 여기에 시장이 섰을 때, 경찰이 길을 더럽히고 교통에 방해를 준다고 하여 시장이 조성되는 것을 반대했다. 여기에서는 어려서부터 먹던 익숙한 음식이 있고, 어려서 입던 옷이 있어서, 이것을 구할 수 있는 곳이었다.

1930년대 중반에는 큰 길가도 상점가 뒷골목에 있는 조선시장도 번성했다. 태평양전쟁에 돌입하자 식재료 등 물자가 부족했다. 경제는 통제되기 시작했고, 장사 또한 힘들어졌다. 1941년 물자통제령으로 경찰들에 의해 철거되면서 상점들은 거의 사라졌다. 또 공습이 심해지면서 가게 문을 닫고 대피하는 사람들도 많아졌다. 일본인 상점들이 자리 잡고 있었으나 절반 정도가 화재로 사라졌다. 일본인이 빠져나간 빈 공간은 공습에도 불구하고 자신의 가게를 갖고 싶은 재일동포에 의해 메워지게 되었다. 이런 식으로 뒷골목의 재일동포 가게가 점차로 밖으로 옮겨와 전쟁이 끝날 무렵이 되면 이미 공설시장에 일본인과 조선인 상점이 혼재하게 되었다.

여기에서 재일동포는 독자적인 생활문화를 유지하며 살았다. 당시 이곳에서는 조선말을 들을 수 있었다. 아이들은 일본말을 하면서 놀았고, 2년이 되지 않아서 거의 조선말을 잊는 것이 현실이었다. 당시에 아이들이 일본어를 열심히 배우는 것은 우수한 학교 성적을 얻기 위해서였다.

생활 속에 미신이 뿌리 깊어서 점쟁이와 무당이 성업을 이루었고, 무면허 치과의사가 순회하면서 진료를 했다. 1939년이 되면 이곳은 200여 개의 생활필수품 가게가 있어, 명태, 고춧가루를 비롯해 혼례품 등까지 판매했다.

1930년대 초반부터 이카이노를 비롯한 이쿠노지역에는 영세한 고무공장 등이 밀집했다. 이른바 고무공업의 메카가 되었다. 자립 기반을 마련하기 시작한 재일동포는 자영업에 진출했고, 고무공장에서 일하는 노동자들은 지연, 혈연에 의해 유입된 재일동포로 채워갔다.

일본의 패전이 임박해지면서 조선시장의 모습도 변해갔다. 태평양전쟁 말에는 미군의 공습을 받았고, 물품부족으로 인해 상점가 사람들은 지방으로 피신해 가야만 했다. 전쟁이 끝난 후에도 원래 이곳의 주민이었던 일본인은 좀처럼 돌아오지 않았다. 빈집이 된 상점을 빌리는 사람은 재일동포밖에 없었다. 1945년 이전에 뒷골목에서 조선의 식재료를 취급하던 가게가 한 채, 두 채씩 큰 길 상점가로 옮겨오게 되었다. 장사를 하지 않는 집의 지붕 아래를 빌려 거기에 판자를 놓고 장사를 시작하는 가게도 있었다.

재일동포인 조선인의 진출을 거북하게 생각한 일본인 상점주를 중심으로 이곳을 일본인을 위한 상점가로 재구성하려는 시도가 있었다. 하지만, 출자금 각출 등의 문제에 부딪혀 이러한 시도는 많은 사람의 동의를 이끌어내지 못한 채 끝나고 말았다. 오히려 상가 재구성을 시도하던 회장이 사임됐다.

명절 때 재일동포가 필요로 하는 치마저고리나 제사음식 재료 등은 이곳에 오지 않으면 살 수 없는 상황이었다. 따라서 명절 무렵이 되면 일본 전국에서 모여드는 구매 고객들로 상가는 붐볐다.

재일동포의 세대교체가 진행되면서 식문화나 전통문화에 대한 의식이 변했다.

그런가 하면 옆 동네인 이마자토신지(今里新地)가 있다. 이곳은 1980년대부터 형성된 뉴커머 재일동포의 집거지이다. 원래 이마자토지역은 히가시나리(東城)구에 있는 오사카 시영 지하철 이마자토역과 이쿠노구의 긴테쓰(近鉄) 이마자토역 주변을 말한다. 1929년 말 예기(芸妓) 13명으로 출발한 이마자토는 10년 후인 1939년에는 예기의 숫자가 급증했다. 1930년대 이후 오사카 시내에서 가장 큰 하나마치(花街)를 형성했다.

1945년 일본의 패전 이후 예기들 대부분은 교토로 이동했으며, 이마자토신지지역은 공창 지역으로 지정되어 명맥을 유지했다. 1958년 '매춘방지법'에 의하여 공창 지역이 폐쇄되면서 요정 등의 업종으로 변했다. 1980년대 이후 뉴커머가 이마자토신지지역으로 이주하기 시작했고, 상점을 인수하여 뉴커머들을 대상으로 한국 음식점과 비디오 대여점, 미용실 등이 생겨나면서 뉴커머 중심의 코리아타운이 형성되었다.

이곳은 올드커머가 거주하는 지역과는 달리, 일본어가 익숙하지 않은 뉴커머들에게는 한국어 중심의 언어 구조가 형성되어 있다. 이마자토지역의 상점 간판은 대부분은 한글과 일본어가 같이 표기되어 있는 곳이 많다.[2]

2) 도쿄 코리아타운

도쿄 코리아타운은 역사성이 있다. 먼저 히가시우에노(東上野) 코리아타운은 도쿄에서 가장 오래된 코리아타운이다. 그 역사는 일본의 패전 후까지 거슬러 올라간다.

2 세계한민족문화대전 참조.

이곳은 한국 음식 재료, 한국 의류를 구할 수 있고 한국식 야키니쿠를 맛볼 수 있는 한국식당이 많다. 일본어보다 다른 언어가 더 많이 들려오는 곳이다. 우에노 아메요코(アメ横)시장은 식료품, 의류 용품, 수입 상품, 스포츠용품, 식당가가 혼재된 형태로 큰 도로를 사이에 두고 별도의 재일동포 상권이 형성되어 있다.

미카와시마(三河島)역 부근에 히가시닛포리(東日暮里) 코리아타운이 있다. 일본의 코리아타운 중 오래된 곳 중 하나로 기원은 최소한 1920년대까지 거슬러 올라간다. 이곳은 아라카와(荒川)구에 정수장이 존재하고 천시되던 가죽 공장에 재일동포가 살면서 시작되었다. 여기에 조선학교 중에서도 도쿄제1초중급학교가 있다. 고토(江東)구 에다가와(枝川) 일대에도 코리아타운은 존재했다.

이런 코리아타운에는 암시장이 존재했다. 해방 이후 형성된 재일동포 경제의 출발점이라 해도 과언이 아니다. 일본에서는 전쟁 때부터 암 거래가 성행했는데, 패전 뒤엔 공권력이 무력해진 상황을 틈타 전국적으로 암시장이 생산과 소비, 유통을 지탱하는 공공연한 장소가 되었다.[3]

한편 도쿄에는 또 다른 성격의 코리아타운이 있다.

3 박미아, 『재일조선인과 암시장: 전후 공간의 생존서사』, 선인, 2021 참조.

이른바 신오쿠보(新大久保) 코리아타운이다. 신주쿠(新宿)구의 오쿠보(大久保) 1~2정목(丁目)과 햐쿠닌초(百人町) 1~2정목(丁目)이 대상 공간이다. 이곳은 한국식 음식점, 술집, 패션가게, 잡화점 등이 밀집되어 있다. 원래 이곳은 제2차 세계대전 종료 직후, 일용노동자나 재일동포와 중국인들이 판잣집을 짓고 살았던 곳이다. 오쿠보역이나 신오쿠보역의 철교 밑이 그곳이다.

1950년에 신격호가 신오쿠보역 근처에서 롯데제과 공장을 설립하자, 일본 각지에서 일거리를 얻고자 재일동포가 모였고, 이후 1960년대에는 노동자 숙박업소도 많이 생겨 일용노동자의 거리가 형성되었다. 1987년 일본의 국영철도가 민영화되면서 이 오쿠보의 슬럼가를 동일본 JR주식회사가 매입했다. 기존의 재일동포 중에서 그때 받은 보상금으로 신오쿠보역 근처에서 주점을 개업하는 사람도 있었다. 1980년대까지 부동산 투기 붐에서 제외된 곳이었기에 그다지 부동산 비싸지 않았다.

1980년대 말 이후 한국의 외국 여행 자유화 조치 이후, 뉴커머들이 이곳에 유입하여 임대가가 저렴한 집을 빌려서 한국인 여행자를 대상으로 하숙업을 하거나 음식점을 개업하기 시작했다. 이 지역은 슬럼가가 있어 1980년대 일본의 부동산 투기 붐 때에도 별로 영향을 받지 않았고 주택이나 점포의 임대료가 비교적 저렴한 곳이었다.

1990년대 말 이후 재일동포가 하던 야키니쿠 가게가 아닌 한국에서 일반적으로 볼 수 있는 다양한 메뉴를 갖춘 음식점, 주점, 한국 식료품점 등을 개업하는 사람들이 증가했다. 2002년 한일 공동월드컵 개최와 2004년 제1차 한류 붐은 이 지역을 찾는 일본인들이 많아지는 계기가 되었다. 이후 한국 음식, 패션, 음악 등 대중문화 상품을 취급하는 점포가 늘어났다.[4]

신오쿠보는 이방인 혐오 문제와 치안 문제까지 겹쳐 이미지가 좋진 않았던 곳이었다. 그러나 한류 열풍이 불면서 한국 문화를 체험하거나 관심 있는 이들이 찾는 공간이 되고 있다.

3) 교토 코리아타운

교토의 재일동포 집주 지구로 히가시구조(東九条)가 있다.[5] 히가시구조는 현재의 JR교토역의 남쪽, 가모가와(鴨川)에서는 서쪽에 위치하는 지역이다. 원래 히가시구조는 메이지(明治)시대 때 조용한 전원지대였다. 메이지시대

4 한국민족문화대백과사전 참조.

5 황익구, 『재일코리안의 이주와 정주』, 선인, 2021 참조.

말부터 다이쇼(大正)시대에 걸쳐 공장이 건설되면서 노동자들이 이주하게 되었다. 1916년 무렵에는 이 지역의 염색공장에 재일동포 노동자들이 종사했다. 그리고 1918년에 히가시구조는 교토시에 편입되어 도시계획사업이나 구획정리사업 등 각종 토목공사가 많이 진행되었고 노동자의 이주도 증가했다. 당시 이곳의 노동자는 주로 도카이도선(東海道線)의 복선 공사, 히가시야마(東山)터널공사, 가모가와(鴨川)강변공사 등에 종사하며 생활했다.

히가시구조에 재일동포가 많이 집주하기 시작한 것은 일본의 패전 이후 교토역에서 가까운 하치조도오리(八条通り)로, 현재의 JR신칸센(新幹線) 교토역 주변에 암시장이 등장하고 주변에 판잣집이 급증하면서이다.

1950년대에는 교토 국제 문화관광 도시건설법이 제정되면서 이 주변의 판잣집은 철거가 시작되었다. 여러 이유로 생활기반이 불안정했던 사람들이 주거와 일자리를 얻기 위해 이곳으로 모여들었다. 판잣집은 계속 증가했다. 1960년대에 들어서 교토국제회의장이 건설되고 도카이도신칸센(東海道新幹線)이 부설되면서 판잣집 철거가 시행되었다. 그 결과 이 지역의 주민은 가모가와의 하천부지인 40번지로 이전했다.

히가시구조에서 거주하는 재일동포는 주로 폐지나

고철 등을 수집하면서 저임금 노동자로 생활했다. 1960년대와 70년대에 히가시구조에는 전체 인구 3만여 명 중 재일동포가 1만여 명이었다. 이 지역의 주택은 대부분이 부실 건축에 노후화, 과밀화로 화재가 자주 발생했다. 1966년 화재 때는 2명이 사망하고 211명이 피해를 입었다. 다음 해인 1967년에도 화재로 2명이 사망하고 307명의 피해자가 발생하는 등 큰 화재가 자주 일어났다. 이후 교토시는 실태조사를 하고 생활관의 건설, 방재 공간의 확보 등을 추진했다. 그러나 이 지역은 여전히 불량주택이 많고 점점 노후화가 진행되면서 최근에는 고령자 주민의 비율이 더욱 높아졌다.

가모가와와 다카세가와(高瀨川) 사이에 남북으로 약 700미터 정도의 하천부지에는 약 150여 채의 주택이 들어서 있는 40번지가 있다. 이곳은 국유지이며 교토시가 관리하는 곳으로 이른바 제로번지(ゼロ番地)라고 불려지는 곳이다. 이곳의 주택은 제방이나 강가에 위치한 데가 많았다. 이 지역의 주민과 재일동포의 끈질긴 노력으로 주택 개량, 도로 정비, 라이프라인(Lifeline) 설비 등이 추진되면서 생활권 보장이 추진되고, 고령자와 장애인에 대한 생활 보호도 진행되었다.

4) 가와사키 코리아타운

가와사키(川崎)에 코리아타운이 있다. 여기에 조선인 노동자가 이주하기 시작한 것은 1910년대부터이다. 재일동포는 다마가와(多摩川)의 골재 채취나 기업의 하청, 행상 등에 종사하며 생활했다. 원래 골재 채취는 일본인들이 농한기에 부업으로 하던 일이었는데, 농번기에는 노동자를 확보하기 어려워 점차 재일동포 노동자로 대체 되었다.[6] 이곳의 재일동포가 가와사키의 사쿠라모토(櫻本), 하마초(浜町), 이케가미초(池上町) 등에 정착하기 시작한 것은 1925년에 시작된 가와사키구 남부의 해안 전기 궤도 부설공사가 계기였다. 이 공사에 재일동포가 많이 종사하면서 공사장 주변의 해안가 갈대밭에 판잣집이 생기기 시작했다. 1940년대에는 전쟁의 격화로 가와사키의 군수공장으로 더 많은 재일동포가 유입되면서 거주자가 급증했다.

일본의 패전 이후 많은 일본인 노동자와 재일동포는 각각 고향으로 돌아가거나 귀국했다. 그 동안 노동자이 거주하던 숙소와 주택은 빈집이 되었다. 이런 빈집과 시

---

6 神奈川の中の朝鮮編集委員会, 『神奈川の中の朝鮮』, 明石書店, 1998 참조.

멘트도오리(セメント通り) 일대에 귀국하지 않고 잔류한 재일동포가 유입되었다. 새롭게 이주한 재일동포는 판잣집을 짓고 거주하게 되었다.

가와사키에는 패전 이후에도 귀국하지 않고 잔류한 재일동포가 일자리 확보와 사회적 차별을 피해 많이 유입되었다. 자연스럽게 이 지역은 재일동포 집주 지역이 되었다.

지금도 재일동포는 코리아타운에서 한민족으로 산다. 재일동포는 여기에서 출발해 일본에서 생계를 유지하기 위해 식당을 차렸다.

재일동포가 일본에서 생계를 유지하기 위해 처음 시작한 업종이 야키니쿠 가게이다. 야키니쿠 집은 소자본으로 장소와 조선 음식에 대한 약간의 기술만 있으면 누구나 간단히 창업할 수 있었다. 해방 이후 일본에서는 극심한 식량난으로 음식 장사는 무엇이든 잘 되는 시대였다.[7]

---

7 세계한민족문화대전 참조.

| 2 |

이데올로기 보다는 기념일이 우선

일제에 저항한 36년 동안 한국민족운동사에는 많은 반일의 투쟁이 있었다. 그 가운데는 일회성으로 끝나지 않고, 이후 투쟁의 계기가 된 사건이 있었다. 3·1운동, 6·10만세운동, 광주학생운동, 5·1 메이데이, 국치일, 국제청년데이 등이 그것이다. 관동대지진, 순국선열기념일 등도 사건이 발생한 이후 투쟁의 계기가 되었다. 이 밖에도 원산총파업날, 러시아혁명기념일, 레닌추도일 등 수많은 기념일 투쟁이 있었다.

일제 식민 통치에 끊임없이 저항한 한민족은 1919년 3·1운동을 일으켰다. 3월 1일 오후 2시 탑골공원에서 독립선언식을 거행하고, 학생과 시민들은 태극기를 흔들며 만세시위를 시작했다. 처음부터 만세시위는 비폭력적이지 않았다. 그러나 변할 수밖에 없었다. 우리 동포는 삼천리 강토를 탈환하기 위해, 기회가 다시 오지 않는다는 각오로 죽음을 무릅쓰고 피어린 투쟁을 전개했다. 이 정신은 운동이 끝난 후에도 면면히 이어졌다.

일본에서도 1919년 3월 1일 이후, 거의 매년 3월 1일이면 기념식이 열렸다. 1920년 3월 1일 투쟁 이후, 1924년 2월 28일에는 일화일선청년회관(日華日鮮靑年會館)에서 '3·1운동 기념식'이라는 연설회를 열었다. 이 자리에는 학우회, 조선노동동맹회, 북성회, 무산청년회, 형설회, 여자학흥회 등의 단체를 비롯해 백 수십 명이 참가했다. 이듬해 3월 1일에는 재일동포 유학생들이 중심이 되어 불교청년회관에서 기념식을 거행했다. 기념식이 끝난 뒤 5백여 명의 군중들은 출동한 경찰, 군대와 충돌했다. 제8회 기념식은 1926년, 도쿄조선기독교청년회관에서 학우회 주최로 250명이 모여 열었다. 더불어 우에노(上野)공원 등지에서 소규모의 시위도 계속되었다.

이후 재일동포 사회 내부에 사회주의적 경향이 농후해지면서 기념식도 조직의 주체가 바뀌어, 1927년에는 조선인단체협의회가 주도했다. 조선인단체협의회는 "3월 1일! 민족해방데이는 왔다! 제9회 민족해방데이는 왔다! 동포여 일어나 참가하자! 제국주의에 항쟁하기 위해

전 민족적 협동전선을 구축하자!"는 전단을 배포하고 시위를 계획했다. 그러나 시위투쟁의 준비 과정에서 조직원이 검거되는 바람에, 당일 연설회장에는 50명밖에 모이지 못했다. 1929년 조선인단체협의회와 총동맹은 "굶주림과 박해 가운데 제10주년 3·1 독립 민족해방의 날은 닥쳐왔다"라는 제목의 격문을 각계각층에 보냈다.

1930년에는 총동맹이 전협으로 해소되는 과정에 있었기에, 조·일 공동투쟁과 지원투쟁만을 일관되게 선동했다. 당시 기관지에 실린 "만세사건 기념일 일선(日鮮) 노동자 제휴하여 공동의 적을 타도하자"라는 기사를 통해 분위기를 잘 알 수 있다. 이듬해에는 2월 하순부터 일본 반제동맹과 등이 나서서, "3·1기념일을 간담회, 직장대회, 사보타주(sabo tage), 태업으로 싸우라"라는 표어를 내걸고 적극적인 선전·선동을 전개했다. 오사카의 경우 2월 23일부터 요시카와(吉川) 제화공장에서 쟁의가 진행 중이었다. 쟁의단은 3월 1일을 기념해 1백 명의 노동자를 동원해 공장을 습격하려다가 주모자가 검속(檢束)되기도 했다. 3·1운동을 기념해 전단을 뿌리고 시위했던 기념일 투쟁은 이후로도 거의 매년 계속되었다.

5월 1일 메이데이, 즉 국제 노동자의 날은 조선의 노동운동은 물론 민족 운동사적으로도 중요한 투쟁의 날이었다. 1920년대부터 조선의 노동자들은 세계 노동자들의 명절인 메이데이 기념행사를 거행했다. 조선의 노동자들은 1920년부터 전 세계 노동자들의 명절인 메이데이 기념행사를 동맹 파업, 시위행진 등의 형태로 함께 했다. 이를 통해 그들은 조선인 노동자의 위력을 확인하고, 노동자가 사회와 역사 발전의 주체임을 인식했다. 그리고 노동 해방, 인간 해방의 새 세상을 향해 힘차게 진군할 것을 다짐했다.

일본의 메이데이 행사는 1905년에 시작되었다. 바로 헤이민샤(平民社)가 메이데이 다과회를 연 것이다. 이때는 소수의 사람이 모여 메이데이를 축하하고, 이야기를 나누며 차를 마시는 정도였다. 그러다가 많은 노동자가 옥외에서 집회하고 시위를 벌인 것은 1920년 5월 1일이 처음이었다. 이날 우에노공원에서는 5백여 명이 모여 일본의 제1회 메이데이 행사를 열었다.

메이데이를 맞이해 재일동포가 집회에 참가하기 시작한 것은 1922년 일본노동총동맹 주최 집회였다. 여기에는 흑도회의 회원 30여 명이 참가했다. 이후 일본인 노동자와 조선인 노동자는 자본가에 대항해서 공동투쟁의 길을 갔다. 재일동포는 1923·24년 일본 메이데이 집회에 참가했다. 1923년 메이데이에는 전 년에 비해 약 6배의 조선인 노동자가 참가했다. 1924년 집회에서는 조선인 노동자가 제출한 '식민지 즉시 해방'이라는 표어가 일본 노동총동맹의 간부들에 의해 거부되었다. 그럼에도 불구하고 재일동포는 메이데이 행사에 지속적으로 참가했다.

1926년 메이데이와 관련해서 일본의 경찰 자료는 도쿄에서 총동맹측 260명, 오사카에서는 참가단체 10개 조합에 400명, 사카이(堺)에서 150명 등이 참가했다. 1927년 메이데이를 맞이해서 김희명은 메이데이의 역사를 정리하면서, 식민지 민족을 '해방'시키는 것은 프롤레타리아트 공동의 임무임을 천명했다. 그리고 '식민지 즉시 해방'의 깃발을 내걸자고 선동했다. 1929년 5월 1일 메이데이 때는 총동맹 주도로 "자본가 놈들에게 우리들의 힘을 과시하자"라는 격문이 배포되었다. 총동맹은 주간강좌도 개최했는데, 당시 집회에는 전국 각지에서 조선인 노동자가 모였다. 1930년 메이데이 때는 오사카 조선노동조합이 메이데이 특별강좌를 설치해 각 지부를 순회했다. 1930년의 메이데이와 관련한 경찰의 기록에는 재일동포 2,800여 명이 10여 개 시에서 참가한 것으로 기록하고 있다.

일본의 메이데이는 1930년대 들어 파쇼체제가 강화되면서 굴절을 강요받았다. 만주사변 이후 일본은 군국주의가 강화되면서 노동운동에 우경화를 강제하고, 메이데이를 애국 노동절로 대치시켰다. 이 때문에 일본에서는 1935년 제16회 메이데이를 끝으로 메이데이 행사가 중단되었다.

1946년 5월 1일, 일본에서는 11년 만에 메이데이가 부활되었다. 전국에서 2천만 명이 메이데이 행사에 참가했다. 도쿄에서만도 50만 명의 대중이 황궁(皇宮) 앞 광장에 모여 시위를 벌였다. 이날 행사에는 "일한 만큼 먹어라", "민주 민중 정부의 즉시 수립", "식량의 민중 관리"를 결의했다. 이러한 메이데이 투쟁에 조선 사람은 단순 가담부터 조직적인 형태의 참여까지, 다양하게 참가했다.

분명히 메이데이는 노동자 계급의 위력을 확인함으로써 노동자가 사회와 역사 발전의 주체임을 인식하는 날이었다. 그리고 노동 해방, 인간 해방의 새 세상을 향해 힘차게 진군할 것을 다짐하고 결의하며 투쟁했다. 노동 해방을 향한 투쟁이 메이데이 하루로 끝나는 것은 아니었다. 메이데이는 투쟁의 날임과 동시에, 승리할 축제의 날을 위해 발판을 튼튼히 굳히는 날이었다.

기념일 말고도 재일동포 단체는 다른 여러 날을 투쟁으로 기념했다. 조선인단체협의회는 형식과 실제에서 신간회 보다 광범위한 조직으로, 초기에는 주의와 주장은 다르지만 조선 민족의 해방을 희구하는 단체 18개가 결집해 있었다. 1927년 5월부터 도쿄, 오사카, 교토, 나고야 등지에 조선인단체협의회의 지회가 조직되었고 유학생이 주도적인 역할을 했다.

조선인단체협의회는 다양한 계기를 활용해 투쟁을 전개했다. 1928년 3월 1일 기념행사를 연 조선인단체협의회는 전국에 격문을 배포하고, 동시에 신간회 도쿄지회 회관에서 기념식을 거행했다. 이날 경찰의 해산 명령에 분격한 대중들은 다카다(高田)와 와세다(早稻田)에서 시위투쟁을 전개했다. 또 9월 30일에는 조선인단체협의회 주최로 관동대지진 조선인학살 추도회가 열렸다. 조선인단체협의회는 억울하게 죽은 학살동포를 추도하는 것은 일어나 싸우는 것이라고 전제하고, "최후의 일각까지! 최후의 1인까지! 노동자는 총파업으로! 농민은 철경(撤耕)으로! 시민은 철시(撤市)로! 학생은 파교(罷敎)로! 싸우자"라면서 가열 찬 투쟁을 선동했다.

재일본조선청년동맹을 중심으로 유학생들이 벌인 다양한 투쟁이 있었다. 이 조직의 기념일 계기투쟁은 청년들의 문제의식에 집중되었다. 재일본조선청년동맹은 「함흥고보맹휴사건에 대하여 전 조선학생제군에게 격함」을 재도쿄조선유학생학우회, 신흥과학연구회와 함께 발행했다. 이들은 당시 조선에서의 교육을 일제의 관념적 무기로 규정하고, 일제의 필요에 따른 소모품 생산이 주된 목적이라면서, 조선의 학교는 "암흑의 소굴에 영원히 잠재우기 위한 관념적 아편의 공장"이라고 비판했다. 함흥고보에서 벌어진 맹휴와 당시 학생들이 요구한 "교장의 배척, 민족적 차별교육의 철폐"는 정당한 내용이었다고 주장했다.

재일본조선청년동맹은 조선 내에서 일어난 동맹휴학투쟁을 거론하면서, 조선총독부의 식민지 교육정책의 오류를 공격했다.

> 모든 학교야말로 … 전 조선 민중을 억압하며 착취하기 위한 도구로써의 조선인 노예를 제출(製出)하는 지배자 계급의 관념적 지배기관이며 … 청년 대중을 제국주의적 ××전쟁에 … 이용하며 희생하기 위한 백색십자군 편성정책 기본 단위에 불과한 바는 누구의 눈에도 명확하게 보이는 속일 수 없는 사실이다.
>
> 통일적 전선을 짓기 위하여는 각 학교의 전투적 청년학생은 학생대회를 개최하라. 그리하여 학생의 요구 조건을 학교 당국에 던지는 동시에 맹휴 중에 있는 학교의 학생에 대한 경찰의 탄압에 대한 대중

적 항의운동을 전개하라!

이와 함께 재일본조선청년동맹은 조선의 학생운동이 '조선민족해방운동'의 일익이라면서, 동맹휴학생들은 학교대표자회의를 조직하라고 학생운동의 중요성과 조직 전망을 제시했다.

재일본조선청년동맹은 6·10 만세시위도 투쟁의 계기로 활용했다. 재일본조선청년동맹은 그 날을 맞아 "6월 10일! 피의 날! 투쟁의 날! 우리 조선 피압박 대중은 이 기념일에 궐기했다. 조선 내지는 물론 만주에서, 재일본 우리는 교토에서, 오사카에서, 도쿄에서 활발한 투쟁을 전개하여 극도로 반동화한 일본제국주의와 싸웠다"라면서 선전과 선동을 늦추지 않았다.

재일동포는 국내에서보다도 훨씬 더 민족적 문제를 실감하면서 살았다. 어떤 계기가 주어지면, 그 응집력이 국내보다 훨씬 강했다. 그런 만큼 각종 기념일은 재일동포에게 투쟁의 날이 될 수밖에 없었다.

| 3 |

1923년 관동대지진 조선인학살

1923년 9월 1일 일본 관동지방에 대지진이 발생했다. 재일동포, 조선인이 학살되었다. 이것을 1923년 관동대지진 조선인학살이라고 한다.

조선인이 학살당한 원인은 유언비어 때문이었다. 9월 2일에 계엄령이 공포되었고, 군이 치안에 동원되었다.

1923년 시기 일본에는 라디오 방송국이 개국되지 않았기 때문에 뉴스 보도는 주로 신문에 의존했다. 내무대신 미즈노 렌타로(水野鍊太郎), 고토 후미오(後藤文夫), 아카이케 아츠시(赤池濃)가 이재민 구호와 치안대책을 논의하게 되었다. 주목되는 사실은 이들이 1918년 쌀소동 때 치안 당국자들로 민중 탄압의 선두에 섰다가 과잉 진압이라는 여론에 밀려 사임했던 경험과 민중 폭동의 두려움을 실감한 사람들이었다는 점이다. 조선에서 일어났던 3.1운동 때에도 미즈노 렌타로는 정무총감, 아카이케 아츠시는 경무국장으로 민족운동을 무력으로 진압했던 자였다. 따라서 이들은 일본인 민중의 폭동이나 조선 민중의 의거가 얼마나 힘이 있는지 알고 있었다. 이들은 민중의 폭동으로 치안이 혼란에 빠질 것을 걱정했고 아카이케 아츠시는 고토 후미오에게 군대의 출병을 요청함과 동시에 내무대신에게 계엄령 선포를 건의했다. 여기에 대해 미즈노 렌타로도 같은 생각을 하고 계엄령 선포의 구실을 찾았다.

원래 계엄령의 선포는 전시나 내란이 전제된 조건인데 1923년 관동대지진은 단지 지진에 의한 혼란일 뿐 전쟁도 내란도 아닌 상태였다. 미즈노 렌타로는 계엄령의 선포 이유를 조선인 내습이라고 했다. 따라서 계엄령의 선포는 어디까지나 일본인 민중의 불만 표출을 사전에 방지하기 위함이었다고 밖에 볼 수 없었다. 그래서 이유를 찾았고 조선인이 폭동을 일으킨다는 유언비어가 조작되었다.

오후 2시 이후 유언비어가 퍼져갔다. 왜곡된 유언비어의 실제 사실은 이렇다.

왜곡된 유언비어	사실
조선인들이 분필로 표식을 하여 폭탄을 던지도록 했다.	청소회사 인부들이 작업할 집의 표식이다
조선인들이 폭탄을 가지고 다닌다.	폭탄이 아니라 사과였다.
흰 셔츠에 통 좁은 바지를 입은 남자와 조선 옷을 입은 여자가 독약을 우물에 넣고 있다.	여자 3명이 쌀을 씻고 있었다.
폭탄과 독약을 가지고 다니는 조선사람이 있었다.	폭탄이라고 생각한 것은 파인애플 깡통이고 독약은 설탕이었다.
각처에 조선인이 폭행, 습격, 방화 등의 계획을 암호로 기록했다.	분뇨 수집인, 신문, 우유 배달부 등이 단골집을 분필로 표시한 것이다.
조선인 소유의 폭발물	고춧가루

일제는 유언비어를 살포하고 지진 복구와 민심 수습을 하면서 조직된 선전과 선동을 자행했다. "사회주의자와 '조선인'에 의한 방화가 다수 발생하고 있다. '조선인'이 도쿄시 전멸을 기도하여 폭탄을 투척할 뿐만 아니라 독약을 사용하여 살해를 기도하고 있다"라는 등의 내용이 그것이다. 이런 사실이 유포되었다.

당시 유언비어는 조직된 것으로 일제와 민간인, 그리고 일본 사회단체가 출처라고 보는 것이 타당하다. 특히 일제는 유언비어를 직접적으로 유포하고 조직했다. 뿐만 아니라 유언비어를 믿고 조선인을 학살하는 일본인들의 행위를 묵인했다.

일제는 1923년 관동대지진 조선인학살에 적극적인

정책으로 대응했다. 여기에서는 일본 언론의 역할도 비판해야 한다. 일본 언론은 사실 확인은 하지 않았다. 조선인에 대한 유언비어, 조선인 폭동설을 사실이라고 그대로 보도했다. 자연스럽게 일제와 일본 언론은 일본 민중을 자극했다. 일본 정부와 일본 언론과 일본 민중은 1923년 조선인학살의 장본인이다.

『도쿄니치니치신붕(東京日日新聞)』은 "조선인 200명이 경찰과 충돌하여 수십 명의 부상자가 생겼는데 현장에서 20명을 검거했으나 모두 달아났다, 불령선인들이 절도, 강간하고 있다"라고 보도했다. 근거 없는 허위 사실을 유포했다. 『오사카아사히신붕(大阪朝日新聞)』은 9월 13일 200명의 자경단이 16명의 노동자를 학살한 사실을 보도했다. 반면에 『호치신붕(報知新聞)』은 9월 5일자로 조선인 폭동설은 허위 보도라고 했다. 나아가 9월 16일자에서는 수용 중인 조선인의 수는 5천 명이고 유언비어의 진원지는 요코하마(横浜)라고 밝히고 있다.

관동지역 전역에서 학살은 진행되었다. 1923년 관동대지진 조선인학살의 경우 도쿄에서는 이미 1일 밤부터 학살이 시작되었다. 일찍이 요코하마에서도 이른 단계부

터 조선인학살이 시작되었다.[8]

실제로 일본 정부의 주체인 군대의 모습이 주목된다. 군대의 수색 활동에는 경찰이나 자경단이 공동보조를 취했다.[9] 구(旧) 요츠기(四ツ木) 다리 부근에서 군대가 조선인을 학살을 자행했다. 구요츠기 주변 조선인학살 관련 증언도 있다.

> 조인승은 말한다. 요츠기교를 건너서 1일 밤은 동포 14명이 뭉쳐 있었다. 거기에 소방단이 4명 와서 포승으로 우리를 줄줄이 묶어 가만히 있어라고 하고, '우린 가겠지만 포승줄을 끊으면 죽여버리겠다.'고 했다. 꼼짝 말고 있었다. 밤 8시경 건너편 아라카와역 쪽의 둑길이 소란스러웠다. 설마 그게 조선인을 죽이고 있으리라고는 생각지 못했다.
>
> 다음날 5시쯤 또 소방단이 4명 와서 테리시마 경찰로 가기 위해 요츠기교를 건넜다. 거기에 3명이 끌려와서 그 3명이 일반인들로부터 다짜고짜 두들겨 맞아서 죽임을 당하는 것을 우리는 곁에서 보며 다리를 건넜다. 그때 내 발에도 쇠갈고리를 걸었다.

---

8 다나카 마사타카, 「관동대지진 조선인 학살 연구의 가제와 전망」, 『동북아역사논총』 48, 2015 참조.

9 강덕상 지음, 홍진희 옮김, 『관동대지진과 조선인 대학살의 진상 조선인의 죽음』, 동쪽나라, 1995 참조.

다리에는 시체들이 가득 찼다. 둑길에도 땔나무가 더미로 쌓여 있듯이 시체 더미들이 쌓여져 있었다.[10]

가메이도(亀戸) 경찰서 내에서 조선인을 학살했다. 조선인학살 사건은 사이타마(埼玉)현에서는 피난해 있던 조선인을 구조된 자든, 부랑자든 상관없이 추방하거나 다른 방법으로 방출하면서 발생했다. 9월 4일에 구마가야(熊谷), 혼조(本庄), 진보바라(神保原) 등 사이타마현 북서부의 나카센도(中山道)를 따라 일어난 학살이 있었다.

일본 민중의 직접적인 조선인학살도 주목된다. 사이타마현 서북부에서는 일본 민중이 직접 조선인학살을 저질렀다.[11] 9월 4일 이후 사이타마(埼玉), 군마(群馬), 치바(千葉) 등지에서 조직적인 학살이 있었다.

일본과 한국 정부는 사실을 제대로 말하지 않고 있다. 1923년 관동대지진 조선인학살 때 일본에는 보통 사람의 피해도 컸다. 조선인학살의 한 주체였던 자경단만 존재한 것은 아니었다. 양심적인 그리고 진보적인 사람의 모습도 존재했다. 실제로 당시의 정황을 주도한 것은

---

10 특별히 출처 기재가 없는 것은 『바람아 봉선화의 노래를 실어라』(1992)가 출처이다.

11 강덕상 지음, 홍진희 옮김, 『관동대지진과 조선인 대학살의 진상 조선인의 죽음』, 동쪽나라, 1995 참조.

일본 정부였다. 일본 정부는 학살 진상을 모호하게 은폐했다. 유언비어 발설과 학살에 대한 책임을 지기는커녕, 진상을 조사하려는 자유법조단 등의 단체 활동을 방해했던 사실은 알려져 있다.

기억의 한계는 현재하고 있다. 제노사이드의 모습은 어떻게 기록하고 기억할지는 현재를 사는 사람의 과제이다. 1923년 관동대지진 조선인학살은 식민지 통치 사상 가장 참혹한 사건이었다. 어떤 명목으로, 어떤 지형에서도 정당하다고 말할 수 없다. 일본 정부, 즉 관이 주도하고 언론이 동조하며 일반 민중이 합세한 이른바 군관민이 합동으로 무고한 조선인을 살해했다. 1923년 관동대지진 때 발생한 조선인학살은 일제가 주장하던 내선융화, 일시동인, 황국신민 등이 모두 거짓이고 허구임을 드러내고 있다. 1923년 관동대지진 조선인학살은 진재였지만 사실은 인재이다.

1923년 관동대지진 조선인학살은 충격적인 일이었다. 지진도 지진이었지만 조선인이 학살되었다는 소식은 충격이었다. 1923년 9월 1일 발생한 관동대지진 소식은 식민지 조선뿐만 아니라 중국 상해에서 활동하고 있는 대한민국임시정부에도 전해졌다. 대한민국임시정부는 실제로 특파원을 보내 현지 조사를 했던 역사가 있다.

기관지 『독립신문』의 1923년 관동대지진 조선인학살 관련 기사가 세계 각국에 널리 알려져 여론을 환기시켰다. 첫 기사는 1923년 9월 4일자 『독립신문』 '호외'였다. '호외'는 국한문 혼용으로 작성, 주로 1923년 관동대지진으로 인한 일본의 혼란상과 피해 상황을 보도했다.

『독립신문』은 1923년 관동대지진에 대해 보도하면서 본질을 기사의 핵심을 잊지 않았다. 일본을 '적국'이라고 구체적으로 거명했다. 『독립신문』은 '호외'를 발행, '도쿄를 중심으로 적국 내의 대진재'라고 하면서 일본이 투쟁의 대상임을 적국임을 분명하게 인식하고 출발했다. 지진의 원인과 결과를 논할 때 죄악으로 인한 천재지변이 일어난 것으로 평가했다.

각종 신문도 보도가 있었다. 『매일신보』의 1923년 관동대지진 조선인학살 관련 보도 태도는 조선총독부 기관지로서의 그 역할을 다했다. 『동아일보』는 10월 중순 이후 보도, 『조선일보』는 관동대지진이 발생한 지 10여 일이 지난 후에야 사설로 관심을 표명하는 수준이었다.

1923년 관동대지진 조선인학살 때 일본에는 보통 사람의 피해도 컸다. 자경단만 존재한 것은 아니었다. 양심적인 그리고 진보적인 사람의 모습도 존재했다.

오늘날 현재를 사는 우리는 유언비어 발설과 학살에

대한 책임을 지기는커녕, 진상을 조사하려는 자유법조단 등의 단체 활동을 일본 정부가 방해했던 사실을 기억해야 한다. 후세 다츠지(布施辰治)는 1923년 관동대지진 조선인학살이 발생했을 때 양심을 지켰던 법조인으로 조선인 보호에 앞장섰다. 우리는 그를 잘 기억한다.

요시노 사쿠조(吉野作造)는 1923년 관동대지진 조선인 학살 관련 주목되는 글을 보여준다. 당시의 상황을 서술하는 글, '소제소언(小題小言)'에서 적나라하게 학살 상황을 기억하고자 했다. 구로사와 아키라(黒澤明)는 1923년 관동대지진 조선인학살 당시의 경험담을 얘기하고 자경단의 만행, 유언비어의 내용을 통해 1923년 관동대지진 조선인학살의 잔학상을 고발했다.

실제로 당시의 학살 정황을 주도한 것은 일본 정부였다. 일본 정부는 학살 진상을 모호하게 은폐했다. 일제강점기 내내 조선총독부는 통제와 사찰을 지속적으로 자행했다.

그렇다. 조선총독부는 알았다. 1923년 관동대지진 조선인학살이 일어났다는 소식이 전해지자 그 강도가 절대 줄어들지 않을 것이라는 사실을. 경찰의 사찰은 부단히 자행되었는데, 조선 내 어디든지 조선인이 모이고 사건이 있고 하면 모든 행정력과 경찰력을 총동원했다.

1923년 관동대지진의 발생과 함께 소식은 전해졌고, 특히 조선총독부는 9월 2일부터 동향을 파악하기 시작했다. 조선총독부의 민정 사찰은 지속적으로 진행되었다. 조선 내 어디든지 조선인이 모이고 사건이 발생하면 행정력과 경찰력을 총동원해 탄압했다.

이것이 1923년 관동대지진 조선인학살의 모습이다.

| 4 |

강제연행,
아직도 끝나지 않은 역사

한일 양국 사이에서 '강제연행'[12]은 현재적 문제이다. 우리는 TV에서, 신문에서 위안부 할머니들의 이야기를 듣는다. 흔히들 위안부 할머니의 문제가 곧 강제연행으로 연결해 생각한다.

이른바 강제연행이라는 표현은 재일동포 역사학자 박경식에 의해 처음 사용되었다. 박경식은 인터뷰와 각종 자료를 통해 강제연행의 실체를 밝히려 시도했고, 그 결과물이 『조선인 강제연행의 기록』이다.

강제연행은 1939년부터 1945년까지, 일제가 조선인을 폭력적인 방법으로 전장과 공장으로 끌고 가서 전쟁과

12 한국에서는 '강제동원'이라고도 한다.

노동에 동원했던 일을 말한다. 조선인은 노동자, 군인, 군속, 위안부 등의 모습으로 끌려갔다. 조선인 강제연행의 역사는 연행 방식에 따라, 구분 지어 설명할 수도 있다.

첫째, '모집'이라는 방식이다. 일본 회사는 필요한 조선인 노동자 수를 정하고, 일본 정부의 허가를 받아 모집 책임자를 조선에 파견했다. 둘째, 조선총독부의 외곽 단체인 조선노무협회가 노동자 알선과 모집 사업의 주체가 되었던 이른바 '관알선(官斡旋)' 방식이다. 셋째, 무차별적인 '강제연행'이 자행된 국민징용 시기도 있다.

강제연행 과정에서 드러나는 가장 큰 문제는 일본 정부와 조선총독부, 그 하부 조직이 강제연행에 깊이 개입한 사실이다. 뿐만 아니라 그 형태가 노예노동의 성격을 띠고 있었다는 것도 문제이다.

정확히 몇 명이 강제연행되었는지, 그 수치는 자료마다 다르다. 그러나 일제가 만든 자료에 의거한다고 해도, 일본으로 노무동원된 수는 적어도 150만 명이 넘는 것으로 추산된다. 노무동원은 대체로 16~22세 정도의 청년들을 대상으로 1943~45년에 집중적으로 진행되었으며, 그들은 일본 전역으로 보내졌다.

행정조직의 말단에서 강제연행의 실무를 담당한 것은 동장(혹은 이장)과 순사였다. 면사무소의 노무계 직원이

지령을 내리면 동장은 이를 실행에 옮겼다. 보통 주재소에서 연락을 하면, 연락을 받은 자는 경찰서에 가서 신체검사를 받았다. 그리고 별다른 이상이 없으면 바로 징용되었다. 때로는 영장도 없이 면서기가 나와서 사람들을 지목해 바로 징용에 끌어가기도 했다. 어떤 경우는 추첨을 해서 징용을 보내기도 했다. 혹 이들이 징용을 가지 않으면 가족들에게 피해를 입혔다.

강제연행과 관련해 갖가지 모습이 연출되기도 했다. 대규모 징용의 경우, 사람들이 모인 가운데 악대까지 동원해 대대적인 환송식을 거행했다. 심지어 강제 징용의 인원수를 채우기 위해 '갑' 대신 '을'을 대리로 보낸 사례도 적지 않았다.

거리에서 행인을 갑자기 강제연행한 일도 드물지 않았다. 당시 한 젊은이가 경성에서 혼자 걸어가는데 두 명의 일본인이 와서 아무 말도 없이 끌고 갔고, 도착한 곳이 서울역이었다. 이미 그곳에는 여러 가지 경로로 끌려온 사람들이 많았다. 그들은 기차를 타고 부산으로 갔고, 부산에서 다시 일본으로 끌려갔다.

신문광고를 보고, 돈을 벌기 위해 자진해 연행된 경우도 있었다. 대표적인 것이 일본제철(日本製鐵)의 오사카 공장 공원 모집 신문광고를 보고 간 일이었다. 신문광고는 일본제철이 자본금 2억 엔의 큰 회사라는 것, 2년간 근무하면 기술자 자격을 딸 수 있어서 조선에 돌아오면 당시 두 지역에 있던 제철소에서 기술자로 대우받을 수 있다는 등의 내용을 담고 있었다. 이런 기사에 혹해 찾아간 사람들은 모집 장소에서 일본제철의 모집 담당자인 전직 육군 중위와 중사에게 면접을 받기도 했다.

근로정신대의 연행은 더욱 기만적이다. 일본인 담임 교사는 학생들에게 일본에 가면 공부도 시켜 주고 돈도 벌 수 있으며, 대우 또한 아주 좋으니 일본에 가라고 부추겼다. 실제로 한 반 30여 명 중 5명 정도가 근로정신대로 선발되어 갔다. 어떤 경우는 동생을 통해 만난 선생님의 권유를 받아 일본에 가기도 했다.

징병은 노무동원과 조금 다른 양상을 띠었다. 이 경우 영장은 경찰서 순사가 전달했다. 징병당한 사람들은 기본적인 훈련도 받지 못한 채, 부산에서 배나 군함을 타고 전장으로 갔다.

일본에 도착한 조선인들은 열차나 트럭에 실려 전국으로 이송되었다. 조선인 노동자는 탄광, 건설 현장, 군사시설 공사장 등지에 배치되었다. 노무동원의 경우, 일과 시간은 대개 오전 6시부터 오후 6시 혹은 8시까지였다.

안타까운 것은 일본인 관리자보다 조선인 관리자가

더 악독하게 행동했다는 사실이다. 현장에서는 일을 잘 못하면 감시원이 나서서 구타했다. 연행된 사람 대부분이 수시로 구타를 당했다. 제대로 일을 못 한다고 맞고, 도망가다 붙잡혀 또 맞았다. 어디로 끌고 갔는지는 모르지만, 끌려가서는 몇 개월씩 감옥 같은 곳에서 있다가 죽기도 했다.

탄광에서는 일과 시간이 끝나면, 샤워를 하고 점호를 한 후에 취침에 들었다. 고된 노동을 해야 하는 탄광에서는 3교대로 일을 했는데, 채탄 작업은 매일 8시간에서 12시간 정도였다. 할당된 작업량은 아침 일찍 일을 시작해서 해 질 때까지도 다 못 채울 정도로 과중했다. 탄만 캐는 기계와 같은 생활이 계속되었다.

탄광에 간 조선인 노동자는 현지에 도착해서 곧바로 교육을 받았다. 갱내로 들어가 탄을 캐는 방법과 위험 상황 속 대피하는 방법 그리고 갱내 깊숙이 들어가는 방법을 배웠다. 갱에서 일하는 조선인 노동자들은 삽으로 탄을 퍼서 탄차에 실었는데, 허리가 너무 아파서 허리를 펴고 잠시 기둥에 기대어 쉬기라도 할라치면 몽둥이세례를 받기 일쑤였다.

탄광에서 작업할 때는 옷은 전혀 입지 못하도록 되어 있었다. 팬티와 종아리에 헝겊을 대는 것이 작업복의 전부였다. 그 덕에 온몸은 상처투성이었다.

강제연행된 사람들은 기숙사에서 생활했다. 군용 가건물, 바라크(막사), 나가야(長屋), 함바 등으로 이루어진 숙소는 열악하기 짝이 없었다. 기숙사 시설은 어찌나 낙후되었던지, 종종 사람들의 바지 속으로 쥐가 들어가는 바람에 깜짝 놀라는 일이 벌어지곤 했다. 보통 다다미 8조 크기의 방 하나에 6~12명 정도가 함께 생활했다. 심지어 열자 방 한 칸에서 20명이 함께 생활하는 경우도 있었다. 이럴 때는 다리조차 편히 뻗고 자지 못했다. 침구는 모기장과 이불이 전부였는데, 이조차도 여의치 않은 경우가 다반사였다.

이보다 상황이 좋은 기숙사라 해도 살기는 결코 쉽지 않았다. 맨 처음 기숙사에 도착하면 회사에서 작업복과 신발을 지급했다. 그러나 기숙사에 있는 사감이 기숙사에서도, 작업장에서도 일일이 통제했다. 노동의 고초 외에도 조선인 노동자는 계속되는 공습으로 두려움에 떨어야 했다. 공습 경보가 울리면 기숙사에서 나와 뿔뿔이 흩어져서 저마다 살길을 찾아야 했다. 공습 현장은 비극 그 자체였다. 공습이 끝난 다음 날 아침에는 짐승과 사람의 피비린내가 사방에 진동했다.

강제연행된 조선인 노동자는 늘 식사량이 부족했다.

한마디로 말해 밥을 먹어도 배고픔을 채울 수 없었다. 식사는 대개 잡곡이었는데, 그마저 안남미로 지은 밥이어서 찰기가 없어 불면 날아갈 정도였다. 때문에 영양 실조로 죽은 사람도 있었다. 아침밥은 콩깻묵, 부식은 매실 두 개, 국은 소금물에 바다풀 약간을 넣은 것이었다. 특히 콩기름을 짜고 남은 콩깻묵에 옥수수, 밀, 보리를 섞은 것도 많이 먹었다. 수제비도 간혹 먹었다. 밥은 아주 조금 국접시에 담아 주었다.

조선인 노동자는 워낙 먹지 못한 탓에 변을 1주일에 1번 정도밖에 보지 못했다. 그래서 얼굴이 검게 변하고 살이 빠지는 경우가 허다했다. 배가 많이 고팠기 때문에 주변의 고구마 밭에 가서 고구마를 캐 먹기도 했다. 워낙 식사량이 적어 식사 후에 물을 먹어 배를 채웠다. 가끔 배고픔을 참지 못해 식당에서 밥을 훔쳐먹는 사람도 있었는데, 들키면 회사 내 유치장에 가두었다. 개중엔 식당에 가서 비빔밥을 사 먹기도 했다. 이때도 일본인과 조선인을 구분하여 배급했다. 이따금 식사를 직접 조리하기도 했다. 그러나 전황이 급박해지면서 보급이 두절되자 이것조차 불가능해졌다.

징병의 경우, 전쟁터에서는 식사량이 절대적으로 부족했다. 그들은 밥과 말 고깃국을 주식으로 했다.

강제연행된 조선인 노동자는 임금을 받은 경우가 거의 없었다. 임금 내역만 기재된 빈 봉투를 지급하며, 노무자들이 항의하면 귀국할 때 전액을 지급한다고 속였다. 혹 월급을 받았다 해도 금액은 형편없이 적었다. 탄광의 경우, 임금은 일당으로 굴 안 7원 50전, 굴 밖 3원 50전에서 4원으로 책정되어 있었다. 문제는 실제 임금을 받을 때는 식비며 담배값, 목욕비 등을 제하고 고작 2원에서 3원 정도를 받았다.

1945년 8월 15일, 일본이 패전하자 조선인 강제연행 노동자는 귀국을 희망했다. 그러나 회사에서 마련해 준 배를 타고 귀국 길에 오른 것은 극히 소수에 불과했다. 다수의 재일동포 노동자는 일본에 잔류하거나, 또는 개인 소유의 배를 타고 귀국 길에 올랐다.

강제연행은 분명한 사실이다. 과정과 내용은 조금씩 다르지만 본질적인 강제성은 명확하다. 일본제국주의의 식민지 지배의 산물임은 부정할 수 없다. 우리는 기억한다.

| 5 |

친일파와 박춘금

일제의 식민통치 아래 조선의 국가권력은 일본의 손에 있었다. 따라서 평범한 보통 사람이 일본의 정책에 적극적으로 반대하거나 반항하는 것이 그리 쉬운 일은 아니었다.

그런가 하면 적극적으로 부일 협력을 한 사람도 있었다. 우리는 그들을 반민족세력, 친일파라고 한다. 이들 가운데 폭력형 극렬 친일파의 대표적인 인물로 박춘금(朴春琴)을 들 수 있다. 당시 다양한 형태의 친일세력이 국내외에서 득세했는데, 이 가운데 일본에 살았던 대표적인 친일파의 우두머리가 바로 박춘금이다.

박춘금은 일제가 태평양전쟁에서 패배할 것처럼 보이자, 반일 조선인 사상범을 대량 학살하려는 음모를 꾸

민 자였다. 전쟁 중에도 승전의식을 고취하기 위한 강연회에서 열변을 토하거나 학도병 출정을 권유하는 것은 물론이고, 양심적인 인사들을 위협하고 관권을 이용해서 이권사업에 개입했다. 이처럼 그는 안하무인의 작태를 서슴지 않았다.

당시 일본에는 여러 형태의 반민족단체가 있었다. 널리 알려진 조직은 상애회, 협화회, 일심회, 흥생회 등을 들 수 있다. 이러한 조직에 처음부터 끝까지 깊이 관여했던 사람이 바로 박춘금이다.

박춘금은 도쿄에서 상애회를 조직하고 친일 활동을 벌였다. 상애회는 한일병합을 합리화하는 사상, 즉 일시동인의 사상으로 일관했다. 출발할 당시는 상구회라는 이름이었으나 1921년경에 상애회로 재출발해서, 1923년경에는 회원이 10만 명이나 되는 거대한 조직이 되었다. 상애회라는 이름을 붙인 이유는 인류 상애의 정신·공존공영의 본의에 입각한 일선융화를 철저히 하기 위해서였다고 한다.

상애회는 일본 정부가 조종하는 반동단체였다. 특히 이 조직은 재일본조선노동총동맹이 조직되어 산하에 조선인 1백여 만 노동자가 결속하자, 각지의 노동조합에 대해서 폭력적인 테러를 자행한 것으로 유명하다. 1923년 관동대지진이 일어나자 상애회는 도쿄 시내 청소에 적극적으로 나섰다. 경무국장의 만류에도 불구하고 이들은 성과를 올리기 위해 틈새를 노렸다. 결국 이 행동은 일제 당국과 일반 민중에게도 알려졌고, 조선총독부는 육군성과 교섭해 육군 식량창 안의 빈 땅을 이들에게 불하했다. 상애회는 여기에 1천여 평 규모의 급조한 가건물을 제공받아서 사무소를 이전하고, 사무를 개시했다.

일제의 신임을 바탕으로 박춘금은 재일동포 노동자를 폭력으로 착취하고 통제하는 한편, 조선 땅에서 폭력을 휘두르고 공갈을 일삼은 예는 한두 번이 아니었다. 그 가운데 가장 대표적인 것이 1924년 동아일보사 사장 송진우와 사주 김성수에게 가한 폭행 사건이다. 박춘금이 안하무인의 폭력을 자행한 것은 그가 조선총독부 경무국장 마루야마 츠루키치(丸山鶴吉)와 밀착되어 있었기 때문이라고 한다. 그가 경무국장과 어떠한 계기로 맺어졌는지는 알 수 없다.

3·1운동 후 민족운동이 다양한 형태로 발전해 가는 것을 우려한 경무국은 그동안 양성해 온 친일단체의 연합을 추진해, 1924년 각파유지연맹을 결성했다. 박춘금의 상애회, 송병준의 소작인상조회, 민원식 계열의 국민협회 등 11개 친일단체 대표 34명이 그 구성원이었다.

이러한 각파유지연맹의 결성이 알려지자, 『동아일보』는 「소위 각파유지연맹에 대하여」라는 사설을 통해 이를 공격했다. 이날 밤 송진우와 김성수는 평소 알고 지내던 각파유지연맹 이풍재가 "회고담이나 나누고 싶다"라고 전갈을 보내자 식도원으로 갔다. 이 자리에는 각파유지연맹 대표 5, 6명이 와 있었다. 그런데 술을 먹던 중 이들 사이에서 『동아일보』 사설을 두고 시비가 벌어졌다. 이때 박춘금을 비롯한 10여 명이 뛰어들어 "우리 사업을 방해하는 놈은 죽여 버린다"라고 위협하며, 폭행을 가했다. 물론 이 작태는 박춘금이 주도한 것이었다. 이들은 『동아일보』가 공개 사과를 하든지, 송진우에게 각파유지연맹 앞으로 사과문을 보내라고 주장했다. 그리고 3천 원의 돈까지 요구하는 만행을 저질렀다. 결국 송진우는 박춘금의 협박에 못 이겨 각서를 써 주고, 김성수는 3천 원을 주겠다는 약속을 했다. 그리고 현장에서 도망치듯 빠져나왔다.

이 사건이 언론에 보도되자 여론이 들고 일어났다. 여론은 이들의 행동을 폭력을 통한 조선총독부의 탄압으로 규정했다. 그리고 '언론탄압 탄핵 민중대회'를 준비했다. 이것은 경찰에 의해 저지당했다. 결국 박춘금 일당의 요구는 동아일보사가 경무국장에게 강력히 항의해 중단되었다.

이렇게 국내와 일본에서 악질적인 친일 행각을 자행하던 박춘금은 중일전쟁 후 일본 정부가 일선융화 강화책을 채택하고 협화회를 발족시키자 여기에 상애회를 끌고 들어갔다. 상애회는 일찍이 일본에 사는 조선인의 반동단체로 일선융화를 위한 민간단체로 활동해 왔다. 그러나 일선융화사업을 단순히 민간에게 위임해서는 안 된다고 판단한 일본 정부는 이를 주도할 강력한 통제 조직이 필요했다. 결국 이를 위해 협화회가 조직되었다.

박춘금은 협화회에서도 주요 간부로 활동한다. 또한 박춘금은 태평양전쟁이 일어나기 두 달 전인 1941년 10월 다시 도쿄에 '대화구락부'라는 단체를 만들어, 친일 행각을 계속했다.

박춘금은 정계로도 발을 넓혀, 일본 국회의원 선거에 출마했다. 상애회가 세력을 급속히 확장해 가던 1932년 박춘금은 제18회 총선거에서 도쿄 제4구에 입후보해 중의원 의원으로 당선되었다. 조선인 유권자가 절대 소수였음에도 그는 제4구에서 다수의 표를 얻어 당선되었다. 이것은 일본인 이상의 일본인으로 비쳐진 박춘금에 대한 일본인들의 지지의 결과였다.

최초로 조선인 중의원 의원이 된 박춘금은 내외의

주목을 받았다. 그는 대정부 질문에서 친일적인 모습을 보다 극렬히 드러냈다. 특히 조선인에게 참정권을 줄 의사가 없는가, 조선에 일본군 사단을 증설할 의사가 없는가 등을 질문해 주목받았다. 박춘금은 1936년의 제19회 총선에서 낙선했다가, 1937년 총선에서 다시 당선되었다. 그러나 1942년 4월의 제21회 총선에서 떨어진 이후 다시 의원이 되지는 못했다.

또한 그는 대의당이라는 단체도 만들었다. 대의당은 '반동친일단체'로 요시찰 인물이나 비협력 분자를 응징, 말살하는 것을 목적으로 했다.

조선총독부 경무국은 전세가 급박해진 1945년 4월 초, 조선이 전쟁터가 될 것에 대비해서 요시찰인에 대한 조치계획을 세웠다. 이에 따라 전국 175개 경찰서의 서장에게 극비문서를 시달했다. 당시 일제 당국의 사상범에 대한 가공할 음모에 비추어 볼 때, 친일 폭력배로 신임을 받아 두 차례나 중의원을 지낸 박춘금이 군경의 사주 아래 사상범 소탕 계획을 세운 것은 당연한 일이라 할 수 있다. 대의당은 조선인 사상범을 비롯한 반전 인사들을 박멸하기 위해 결성된 살인적인 테러 집단이었다. 대의당은 폭력 살인단체로서, 소련의 대일 선전포고를 계기로 조선 내 반전 조선 민중의 대량 살해를 지시받았다.

실질적으로 이 단체를 지도하던 일제는 박춘금에게 실권을 주고, 이광수를 우두머리로 내세울 책략을 세웠다. 물론 모든 것은 대리인 박춘금이 맡았다. 이광수가 거절했지만 발대식은 예정대로 열렸다. 여기에 대해 대한애국청년단의 조문기, 유만수 등이 다이너마이트로 테러를 가했다. 이른바 부민관 폭파사건을 일으킨 것이다. 이 사건이 있은 지 20여 일 뒤에 일제는 항복했다.

해방 후 건국준비위원회와 치안대가 결성되자 박춘금은 보신책을 강구했다. 그는 부하를 통해 치안대장에게 뇌물을, 재정부장에게 40만 원의 돈과 자기 소유의 금광, 자동차 등을 건국준비위원회에 바치겠다고 제의했다. 이러한 박춘금의 책동은 받아들여지지 않았고, 그는 발붙일 곳이 없게 되었다. 결국 일본으로 빠져나간 박춘금은 이후 재일동포 사회에 거의 얼굴을 내밀지 않고 묻혀지내다가 1970년대에 죽은 것으로 알려져 있다.

| 6 |

1945년 8월 15일,
그리고 재일동포는 단체를 조직한다.

일본의 패전은 우리 한민족에게 새로운 출발이었다. 그러나 과연 진정한 새 출발이었는지는 의문이다. 기대와 달리 그것은 또 다른 분열과 갈등의 시작은 아니었을까?

일본에 살고 있던 재일동포에게는 분명히 그랬던 것 같다. 일본의 불안한 정세 속에서 이중삼중의 고통을 겪어야 하는 출발점이 된 것이, 바로 조국의 해방이었다.

1945년 8월 15일 해방되었지만 '재일조선인'에 대한 차별은 여전했다. 취학, 취직, 주택 입주, 결혼, 생활 등 모든 면에서 차별이 있었다. 공영 주택 입주, 주택 금융 공고(公庫) 융자, 국민연금법, 아동 수당 관련법, 공무원 채용 등 국적 조항으로 소외되었다. 이 제도상의 장벽이 조선인들의 생활을 기민(棄

民)으로 내몰았다.[13]

> 라디오 앞에서 무조건 항복한다는 천황의 방송을 듣고 있던 우리 한국인들은 내심 날뛰듯이 기뻤다. 그러나 지금 이 장소에서는 기뻐할 수도 없고, 그렇다고 하여 슬퍼할 수도 없는 미묘한 입장이었다. … 이제 돌아갈 수 있다. 우리에게 때가 온 것이다. 자유세계의 자유로운 튼튼한 사슬로 꽉 매어있던 몸이 일시에 풀려난 것이다.[14]

1945년, 고향이 그립고 일본보다는 조국으로 돌아가는 것이 더 낫다고 생각한 재일동포는 과감하게 일본 땅을 떠났다. 그리고 남은 사람들은 일본에서 새로운 삶을 시작했다. 고향으로 갔다가 다시 돌아온 사람들도 있었다.

주목해야 할 일은 해방 이후 한반도에 분단 정권이 들어선 것처럼, 일본 땅에도 두 개의 조직이 만들어졌다는 사실이다. 남북한 양 정권과의 관계 속에서 재일동포 사회는 결집되었다. 재일본조선인연맹(在日本朝鮮人聯盟, 이하

---

13 강덕상 기록 간행위원회 편, 이규수 역, 『시무의 역사학자 강덕상』, 어문학사, 2021 참조.

14 징용 영장을 받고 히로시마(廣島)의 한 공장에서 복무한 정충해(鄭忠海)의 회고이다.

'조련'이라고 약칭), 재일조선통일민주전선(在日朝鮮統一民主戰線), 재일본조선인총연합회(在日本朝鮮人總聯合會)로 이어졌다.

그리고 조선건국촉진청년동맹(朝鮮建國促進靑年同盟), 신조선건설동맹(新朝鮮建設同盟), 재일본조선거류민단(在日本朝鮮居留民團), 재일본대한민국거류민단(在日本大韓民國居留民團)으로 맥을 이었다. 해방이 분단의 출발점이 되었다.

1945년 해방 이후 일본 각지에는 많은 재일동포 단체가 자생적으로 만들어졌다. 이들 단체는 귀국 대책, 실업 대책, 민족적 단결의 강화, 동포의 생명과 재산의 보호, 생활이 곤란한 동포의 구제, 통일 정부의 수립과 원조 등을 목표로 내세웠다. 큰 단체만도 3백여 개가 넘을 정도로 조직화 열기는 뜨거웠다. 그러나 너무 많은 단체가 난립하다 보니 효과적인 목표 달성을 위해서는 단체의 통일이 필요했고, 중앙집권적인 전국 조직이 나타났다.

재일동포는 힘을 모았다. 그들은 자생적 단체들을 규합해 전국 규모의 단체를 결성하기 위해 1945년 9월 10일 도쿄에 모였다. 이들은 중앙결성준비확대위원회를 개최하고, '재일본조선인연맹 중앙준비위원회'를 구성했다. 그리고 도쿄 본부가 설치된 것을 시작으로, 전국적으로 각 부현 본부가 결성되었다.

조련은 조선인의 본국 귀환 문제에 주목했다. 조련

은 조선인 군인, 군속, 강제연행 노동자 등에 대한 일본 정부의 수송 계획에서 제외된 일반 조선인의 귀국을 도왔다. 그해 11월까지 조련은 후생성, 운수성과 교섭해, 귀국자 수송에 관한 사항 일체를 책임지고 귀국자 명단 작성, 귀환증명서 발행, 특별 수송 열차 계획, 동포의 승차, 승선의 도움, 휴대할 수 없는 재산의 관리 등을 맡았다. 또한 승선지에 수용소를 설치할 것과 선박 증편을 요구했다. 하카다(博多), 나가사키(長崎), 시모노세키(下關)에 출장소를 개설하고, '귀국동포구호회', '조선인구호회'를 만들어서 귀국자에게 편의를 제공했다.

이밖에도 조련은 재일동포의 생활 안정을 위해 원조와 보호 활동을 수행했다. 특히 한글로 신문과 잡지 등을 출간하고, 교육과 문화 사업에 주력한 사실은 눈길을 끈다.

도쿄의 이전 조선총독부 소유 건물을 인수한 조련은 귀국자들을 도와주고 받은 대가로 경제적 기반을 마련했다. 즉, 귀국자들에게 편의를 제공하고, 그 대가로 수수료를 받거나 은행 통장, 공채, 국채 증서, 적금통장 등을 양도받았다. 그리고 일본 정부로부터 귀국자의 경비를 받아내고, 일본 정부와 조선인을 고용했던 회사에는 조선인 노무자에 대한 차별임금, 사망자의 배상금 등을 요구해서 일부 지역에서는 보상금을 받았다. 1946년 4개월

동안 조련이 일본의 대장성에서 보상으로 받은 금액은 1억 엔이나 되었다.

조련은 창립 강령에 따라 재일동포의 귀국 문제와 생활권 옹호를 위한 대동단결을 목표로 했다. 초기에는 명확한 정치 노선을 드러내지 않았다. 그러나 친일파 등의 우파 간부들을 배제하면서 점차 정치적 성격을 드러냈다.

일제강점기 친일세력을 포함한 민족주의자, 공산주의자들에 의해 조련 결성이 준비되자, 여기에 불만을 품은 우파 민족주의 청년들은 조선건국촉진청년동맹(이하 '건청'이라고 약칭)을 결성했다. 여기에 조련 결성에서 배제된 친일파와 반공주의자가 가담하면서 건청은 세력을 확대했다.

건청은 조련과 마찬가지로, 일본 정부 및 연합군총사령부와 교섭해 운영자금을 확보했다. 예를 들면, 일본군이 사용하던 군복, 구두, 맥주, 담배, 쌀 등의 물자를 불하받아 구성원에게 배급하고, 조직 운영에 사용했다. 때로는 이 과정에서 간부의 중간 착복이 문제가 되기도 했다. 신탁통치를 비롯해서 민족주의와 공산주의 등에 대한 인식의 차이로 건청은 조련과 대립했고, 행동 대원들 사이에 폭력 사건이 빈발했다.

건청에는 강력한 지도자가 없었다. 경제적 기반도 약했다. 이 때문에 초기와는 달리 점차 약해졌다. 그러다가 1950년 당시 남한의 문교부 장관인 안호상의 방문을 계기로 건청은 대한청년단으로 개칭했다.

1945년 10월, 박열은 22년 동안의 옥중 생활을 마감하고 출옥했다. 한때 박열은 조련의 환영을 받기도 했다. 그러나 그가 옥에서 나왔을 무렵, 조련은 그를 지도자로 영입할 의사가 없었다. 건청이 청년층으로 이루어진 단체였기 때문에 장년층은 새로운 조직을 희망했다. 이에 박열은 신조선건설동맹(이하 '건동'이라고 약칭)을 결성했다.

건동은 '조선과 일본의 융화, 조선의 완전독립'을 표방하면서, 스스로의 활동 범위를 제한했기 때문에 조련에 비해 세력이 약했다. 또한 특별 배급 물자의 분배와 주도권을 둘러싼 다툼에다가 남한의 단독정부 수립에 대한 지지 문제 등으로 내부 대립이 계속되었다. 그러던 차에 건동 제2회 전체대회에서 우익진영의 결집체로서 거류민단 결성이 제안되었다. 연이어 건청, 건동 양 단체가 거류민단 결성의 원칙들을 재확인하고, 재일본조선인거류민단(이하 '민단'이라고 약칭)을 조직했다. 민단은 재일동포의 본국 귀국을 전제로, 중립적인 입장에서 자치활동을 한다고 그 성격을 규정지었다.

1948년 8월 15일 대한민국 정부가 수립되고, 박열은 대한민국 정부 수립 기념식에 참가하기 위해 귀국했다. 대한민국 정부는 민단을 재일동포 유일의 민주단체로 인정했다. 그해 10월 민단은 전국대회를 소집해 강령을 채택하고, 명칭을 재일본대한민국거류민단으로 개칭했다.

1949년 남한 정부가 재일동포의 여권 사무를 민단에 위촉했으므로 조국을 방문하려는 재일동포는 민단에 가입해야만 했다. 결국 민단은 점차 한국 정부의 말단 기관으로서의 성격을 띠게 되고, 주일대표부와 민단의 관계는 상하관계로 바뀌었다. 결국 민단은 남한 정부에 예속되어 정부의 대변기구로 변해 버렸다.

민단과 대립적인 위치에 선 조련은 일본 경찰들과 자주 충돌했다. 북한기를 게양하는 등 북한에 대한 지지를 적극적으로 표명했다. 그런데 일본 정부가 1949년 9월 조련, 민청, 민단과 4개의 일본인 단체에 해산 명령을 내렸다. 당시 보수화로 나아가고 있던 일본의 요시다(吉田) 내각이 공산당을 제압할 목적으로 연합군 사령부의 양해 아래 이들 단체에게 해산령을 내렸다.

조련이 해산된 후, 1951년 1월 재일조선통일민주전선(이하 '민전'이라고 약칭)이 결성되었다. 나아가 한국전쟁을 계기로 조국방위위원회(이하 '조방위'라고 약칭)가 조직되었다.

조방위는 일본공산당과 공동전선을 펴고, 미국의 군수품 생산과 수송을 방해하기 위해 미군기지나 경찰서를 습격했다. 또한 재일동포에게 동맹휴업 등을 선동하면서 민족적 성격을 분명히 했다.

일본은 1951년 9월 8일, 샌프란시스코에서 48개 연합국과 샌프란시스코 강화조약을 체결했다. 샌프란시스코 강화조약의 발효로 일본은 연합군의 점령 상태에서 벗어났다. 바로 그날 일본 정부는 연합국 최고사령부의 견제를 벗어나 재일동포 문제에 관한 주도권을 회복한 것이다. 이후 재일동포는 일본의 출입국 관리체제 아래 들어가게 되었다.

샌프란시스코 강화조약 발효일인 1952년 4월 28일, 일본 정부는 재일동포가 일본 국적을 상실했다고 밝혔다. 이에 따라 일본은 재일동포에게 출입국관리령 등을 적용했다. 출입국관리령에는 퇴거 강제 조항이 들어 있었다.

한국전쟁이 터지자, 민전은 1951년 12월 제2차 전국대회에서 그것을 '조국해방전쟁'으로 규정했다. 이른바 미제국주의, 이승만 정권, 요시다 내각을 타도 대상으로 정했다. 민전은 통일 문제에서도 북한의 통일 노선을 지지했고, 북한은 1954년 재일동포를 조선민주주의인민공

화국의 공민이라고 선언했다.

1955년 5월 민전은 도쿄 아사쿠사(淺草) 공회당에서 대의원과 방청인 1천여 명이 참석한 가운데 전국대회를 열었다. 이 대회에서는 한덕수의 발표에 이어 민전과 조방위를 해산, 새롭게 재일본조선인총연합회(이하 '총련'이라고 약칭)를 결성했다. 한덕수는 총련으로의 전환을 설명했다.

총련은 완전히 방향을 전환해, 일본공산당과 단절하고 북한과 밀착하게 되었다. 총련은 북한을 일본에 선전할 목적으로 『조선통신』이란 신문을 발행했다. 또한 영문으로 된 주간지를 발행했고, 북한에서 출판되는 서적, 잡지, 신문 등을 보급하는 일에도 힘썼다. 또한 중앙교육연구소를 설치해, 북한에서 사용하는 교재를 총련 학교에서 사용하도록 했다. 북한에서도 교육비 명목으로 막대한 자금을 총련에 보냈다.

총련의 활동 중 북송사업이 있다. 총련은 북한의 지침에 따라 1958년 8월 15일, 해방 13주년 기념대회에서 재일동포의 북한 귀국을 제의했다. 북한 정부도 그들의 귀국을 환영하고, 새로운 생활을 위해 필요한 것들을 제공하겠다고 했다. 북송은 1959년에 시작되어 1982년까지 계속되었다. 자세한 내용은 후술한다.

총련의 또 다른 중요한 활동으로 한일회담 반대와

군사정권 반대운동 등을 들 수 있다. 1961년 총련은 군사정권과 한일회담 반대 대회를 개최해, 일본 전국 29곳에서 2만 5천 명이 참가한 대대적인 시위 투쟁을 일으켰다. 이후에도 연간 수만 명을 동원한 시위는 계속되었다. 1964년에는 1,600회 이상의 집회가 있었다. 1965년 한일조약이 조인되고 국교가 정상화되자, 총련은 연인원 129만 4천 명을 동원한 항의 집회를 열었다.

재일동포 사회는 단체로 개인으로 존재하고 있다. 자신의 정치적 입장과 경제적 입장에 따라 일본에서 살아가는 방식이 다르다. 자신의 입장만 고집할 것이 아니라 서로의 차이와 차별의 구조를 이해하면서 공존을 생각해야 한다.

III

지금도 일본에서
그리고 한반도에 사는 재일동포

| 1 |

재일동포 민족교육, 일본과 한국에서

오늘날 한민족이 경쟁력을 가질 수 있는 이유 중의 하나는 교육열 때문이다. 이것은 일본에 사는 우리 동포에게도 해당되는 이야기이다.

해방 직후 재일동포 사회는 귀국을 준비했다. 이들은 귀국 준비의 일환으로, 민족교육과 한글교육을 위해 몇 명만 모여도 강습회를 열었다. 강습회에서는 한글과 역사를 주로 가르쳤다. 규모가 큰 강습회는 일본학교의 노는 시설을 빌려 사용했다.

물론 해방 전에도 우리 한민족이 독자적인 교육을 하지 않은 것은 아니었다. 이는 일본 당국의 민족말살정책에 대항하면서 이루어졌다. 하지만 오사카, 효고, 가나가와, 후쿠오카 등 재일동포 밀집 지역에는 일본학교를 다니지 못하거나 다니지 않는 재일동포 자녀들을 위해 야학이 있었다.

1945년 해방이 되자 귀국 준비 차원에서 민족학교가 설립되었다. 학교 설립이 일본 내에서 재일동포의 권익을 보장받기 위한 민족운동이었던 것은 물론이다. 민족학교에서는 귀국을 준비하는 동포들에게 한글을 깨우쳐 주어야 한다는 생각에서, 일반 성인을 대상으로 한글 보급 운동을 했고 아동들에게는 한글 기초교육을 했다.

초기의 민족학교는 귀국 준비를 위한 강습소의 성격을 띠고 있었다. 그러다가 1946년부터 정규 초등 교육기관으로 발전했다. 1948년 4월에는 학교가 600여 개, 학생은 5만 8천여 명에 이르렀다.

그러던 차에 재일동포의 민족학교에 방관적이었던 GHQ가 1947년 10월, 재일동포의 학교도 일본 문부성의 지시를 받으라고 명령했다. 일본 문부성은 1948년 1월 교육령을 내려, 모든 어린이는 법적 기준에 합당한 학교에 취학할 것과 교사는 일본 정부가 정한 기준에 합당한 사람만 채용할 것을 명문화했다. 그리고 일본인 학교 건물을 빌려 쓰던 조선인학교는 그곳에서 철수할 것, 교과 내용은 학교 교육법에 따라 모두 일본어로 교육할 것을 지시했다. 다만 한국어는 과외로 학습할 수 있다고 규정했다.

여기에 반대해 재일동포는 '조선인교육대책위원회'를 결성하고, 요구 조건을 발표했다. 조선인의 교육은 조선인의 자립성에 맡길 것, 일본 정부는 조선인 교육의 특수성을 인정할 것, 학교 행정은 학부형의 자치로 할 것, 일본어는 요구하는 한도를 별도로 교육할 것 등이었다. 재일동포는 저항했다. 그럼에도 일본 전역에 일제히 조선인학교 폐쇄령이 내려졌다. 재일동포는 각지에서 시위투쟁을 벌였고, 그중 가장 큰 투쟁은 오사카와 고베에서 있었다. 이른바 1948년 한신(阪神)교육투쟁이 그것이다.

오사카에서의 투쟁은 4월 23일부터 시작되었다. 오전 9시 조선인학교 폐쇄령에 맞서, 재일동포 7천여 명이 학교 탄압 반대 인민대회를 열었다. 이어 대표가 오사카부청(府廳)과 교섭을 시도했으나, 부청은 일본 정부의 기존 방침을 견지했다. 재일동포 5천여 명은 청사 내 복도에서 농성을 시작했다. 일본 정부는 무장경관 4천여 명을 출동시켜 179명을 체포, 연행했다. 조선인학교 폐쇄령에 반대하는 시위는 강압으로 일단 저지되었다. 결국 일본 문부성은 조선인 교육대책위원회와 세 차례의 교섭을 가지고 각서를 교환했다. 1차 조치에서 92개 교가 폐쇄되고, 2차 조치에서 350개 교가 폐쇄되었다.

1949년 10월에 이르면 소학교 233개 교, 중학교 6개 교, 고등학교 6개 교로 총 245개 교만이 남았다. 1949년 5월 31일 정식으로 인가를 받은 학교도 있었다. 오사카시 스미요시(住吉)구에 있는 백두학원의 건국학교, 1학원 3개 교가 그것이다.

이런 가운데 북한에서는 1957년에 2억 2천만 엔의 교육자금을 송금해 공민화 교육을 적극적으로 지원했다. 이에 따라 총련은 민족교육을 계속 추진했고 재일동포는 여기에 호응했다. 일본 사회에서 극심한 차별에 시달리던 그들에게 민족교육은 자긍심을 찾는 것이었다.

총련은 자본주의체제 일본에서 사회주의 조국 건설을 위한 교육을 하려고 했다. 일설에 따르면, 전성기에는 '조선학교'의 학생 수가 무려 5만 명에 이르렀다고 한다. 이후 감소해 1978년에는 2만 8천여 명, 1990년에는 1만 5천여 명으로 줄었다.

반면 민단의 경우는 교육방침이 좀 달랐던 것 같다. 초기에는 재일동포의 귀국을 전제로 한 민족교육과 한글교육이 진행되었다. 일본에 정착하려는 경향이 강해지면서, 일본 사회에 대한 적응 교육의 비중도 점차 높아졌다. 그러던 중 1949년 조선인학교 폐쇄령이 시행되면서, 민단에 의한 민족교육의 열기도 약화되었다. 물론 민단에

속한 재일동포 중에 일본에 정주하려는 사람이 많아졌던 사실과 한국 정부의 무관심도 그 원인으로 작용했다.

재일동포가 '한국학교'에 자녀를 보내는 목적은 한국어 습득 때문이었다. 그리고 한국에 대한 이해를 넓히는 것과 함께, 일본인 학교에 보내는 것과 마찬가지의 교육내용을 요구했다. 따라서 민족교육의 부분은 상대적으로 약해질 수밖에 없다.

현재 '한국학교'는 절대적으로 적은 수이다. 민단계 재일동포는 대부분 일본학교에 자녀를 보내기 때문에 재학생 수가 많지 않다. 1970년 한일협정으로 협정 영주권을 신청한 총련계 동포가 자녀를 '한국학교'로 전학시키면서 학생 수가 다소 증가했지만, 전체적으로 감소하는 추세다. 다만 1980년대 후반으로 오면서, 일본 주재원 자녀가 '한국학교'에 입학함에 따라 재학생 수가 증가하는 경우도 있었다.

일본 정부는 재일동포에 대한 민족교육을 부정해 왔다. 1965년 한일협정이 성립되자 일본 문부성은 사무차관 통달로, 일본 공립 소·중학교 내에 설치되어 있는 민족학급에 대한 철저한 감독과 함께 증설 금지를 명령했다. 당시 민족학급은 재일동포 자녀를 대상으로 일본의 공립학교 내에 설치되어 있었다. 이 민족학급은 민족학교의 폐쇄에 따라서, 일본학교에 자녀를 보낼 수밖에 없었던 재일동포 부모들이 학교 당국에 요구해 설치된 것이었다. 1953년의 경우, 전국적으로 95개교 151학급에 8,268명이 다녔다. 그러나 오늘날 민족학급은 대부분 폐지되었다. 1990년 3월 현재, 남아있는 것은 일본 전국에 22개 학급에 불과하다.

1970년대에 들어와서는 민족학급에 대신해 별개의 민족학급, 민족클럽, 어린이회 등이 생겼다. 이런 클럽이나 어린이회는 소학교부터 고등학교까지 있고, 명칭도 '조선문화연구부', '조선문제연구회', '조선어린이회', '조선어학급' 등 다양하다. 여기에서는 한글과 한국 역사, 한국 예술 등을 공부하고 있다.

1992년 나고야(名古屋)교육위원회는 교육지침에서, 교사들은 외국인 학생들이 자신의 민족적 정체성과 긍지를 기반으로 학교를 비롯해 어디서나 자신의 본명을 사용할 수 있도록 노력해야 한다고 했다. 이 조치는 재일동포에 대한 특별한 배려가 아니라, 모든 외국인에게 적용되는 방침이었다. 물론 새로운 방침에 따라 재일동포 밀집 지역에서 부분적으로 실시되어 오던 민족학급 편성이 보다 쉬어졌지만, 경비 지원 등의 구체적인 배려는 없었다. 때문에 실제로는 큰 의미를 갖지 못했다.

최근 일본학교 내의 민족학급 및 클럽활동은 주로 소수의 양심적인 일본인 교사들에 의해 장려되고 있다. 이들은 대개 진보주의적 시각을 가진 젊은 교사들로, 현장에서 재일동포 학생들을 지도하면서 겪은 경험으로 일본에 와서 사는 재외국인에게 필요한 것은 민족적 정체성을 길러 주는 것임을 인식한 사람들이다. 그러나 실제로 재일동포 학생의 교육 문제에 관심을 가지고 있는 일본인 교사는 극소수이다. 일본인 학생과 재일동포 학생 사이에 차별이 없다고 말하는 대다수의 교사들 사이에서 민족적 정체성을 찾아주는 활동은 그리 쉬운 일만은 아니다.

일본 지식인들과 시민단체가 일본 여당과 제2야당인 일본유신회가 추진하는 고교무상화 확대를 계기로 '조선학교'를 지원 대상에 포함해야 한다고 요구하고 있으나 아직도 요원하다. 재일동포 민족교육의 한 축인 조선학교는 그대로 차별 속에 존재하고 있다. 학생들에 대한 차별은 현재형이다.

한편 한국에는 재일동포가 건립한 학교가 곳곳에 있

다.[1] 제주도의 사례만 보아도 재일동포의 교육 공헌이 컸는지 확인할 수 있다. 제주도 내에 재일동포들이 세운 학교는 제주여자중고등학교(김평진[2])와 남녕고등학교(백이남), 조천중학교(조규훈), 신흥초등학교(신흥리 출신 재일동포 공동)가 있다. 애월고등학교와 표선중학교는 고내리 재일동포 친목회와 안재호의 후원으로 학교 부지를 매입하고 건물을 신축했다.

교육도시로 손꼽히는 전라남도 순천도 재일동포의 교육 기여가 큰 도시이다. 재일동포가 세운 학교로는 청암대학교와 청암고등학교(강길태), 효천고등학교(서채원), 강남여고(김계선) 등이 꼽힌다.

청암대학교는 현재 한국 유일의 재일동포가 세운 대학이다. 1954년 5월에 순천시 매곡동에 순천간호고등기술학교로 설립했다.[3] 1982년에는 설립자인 강길태가 학교법인 청암학원을 설립했다. 1993년 순천전문대학으로, 1998년 순천청암대학으로 교명을 변경했다. 1997년 10월에 교육부평가 정원자율화 대학으로 지정되었다. 2010년 3월 순천청암대학이 청암대학으로 교명을 개편

1 이민호, "민단은 대한민국과 하나이다", 『통일일보』, 2014 참조.
2 이하 학교 이름 뒤의 괄호안의 성명은 설립자이다.
3 이민호, "신한은행을 설립한 재일 자이니치 리더", 『통일일보』, 2015 참조.

했다. 2012년에 청암대학교로 교명을 변경했다. 교훈은 '진리·지성·용진'이다. 2011년 4월 강명운이 제4대 총장으로 진로 알선과 재일동포 연구 사업에 진력했다. 2022년 9월부터 김성홍 총장 직무 대행이 취임했고 2024년 9월 현재 22개 학과를 두고 있다. 2024년 개교 70주년을 맞이했다.[4]

청암대학교에는 재일코리안연구소가 있다.[5] 2011년 설립되어 적지 않은 실적을 올리고 있다. 한국학중앙연구원의 국제공모사업인 한국학 선도 연구지원 사업에 선정되어 5년간 사업을 수행했다. 지난 2010년에 일본에서 발간된 「재일코리안사전」의 한국어판을 발간하고, 「재일코리안총서」를 시리즈로 간행하고 있다. 지속적인 연구사업을 바탕으로 지난 2018년에는 한국연구재단의 대학중점연구소에 선정되어 연구를 수행했다.

이곳에는 금수문고가 설치되어 있다. 금수문고는 아마산(尼産)그룹의 윤용길(尹容吉) 회장과 박종명(朴鍾鳴), 그리고 재일동포 지식인들이 1981년부터 6년의 준비를 거쳐 1987년 11월 일본 효고현(兵庫縣) 아마가사키시(尼崎市)에 개관한 문고였다. 재일동포가 세운 대표적인 도서관으로

4 청암대학교(http://www.ca.ac.kr) 참조.

5 청암대학교 재일코리안연구소(https://www.ca.ac.kr/kinjri) 참조.

25년간 자료 수집, 연구회, 간담회 등의 사업으로 재일동포의 대표적인 민족도서관 겸 문화 요람으로 자리매김했다.

2012년 윤용길 대표와 박종명 고문은 고국에서의 재일동포에 대한 관심을 이끌어내기 위하여 2012년 7월 2일 강명운 총장과 협약을 체결하고, 8월 29일 청암대학교에 기증했다. 금수문고는 청암대학교 학술정보센터 6층에 있다.

| 2 |

1965년 한일협정과 재일동포의 위상

왜 한국 정부는 한일협정을 맺었을까.[6] 여러 이유 중 우선 박정희 정권의 정치적 안정화를 위한 경제적 이유에서라고 할 수 있다. 새로운 국가 건설에는 돈과 사람이 필요했다.

한일회담을 통해 체결된 한일협정은 식민지 과거 청산의 주요한 사건이었다. 문제는 있었다. 한반도 전체 차원이 아닌 남쪽 한국과만 체결된 국교 수교라는 사실이다.

한일협정은 한일기본조약(韓日基本條約)이다. 1965년 6월 22일 조인되고, 12월 18일 성립, 발효된 한국과 일본 간의 기본관계에 관한 조약과 이에 부속하는 4개 협정으로 구성되어 있다. 한국 측의 수석 전권대표 이동원(李東

6 한국민족문화대백과사전 참조.

元) 외무부장관과 일본 측 수석 전권대표 시이나 에츠사부로(椎名悅三郎) 외상, 그리고 수행 대표들 간에 조인되었다. 1951년 10월 20일 한일 제1차 회담이 열린 이후 14년 1개월 28일 동안 한일 양국 사이 교섭의 결과였다.[7]

이 조약의 부속협정으로는 「청구권·경제협력에 관한 협정」·「재일교포의 법적지위와 대우에 관한 협정」·「어업에 관한 협정」·「문화재·문화협력에 관한 협정」 등이 있다. 여기에서 재일동포에게는 「재일교포의 법적 지위와 대우에 관한 협정」 등이 중요하다.

재일동포는 「재일교포의 법적 지위와 대우에 관한 협정」에 의해 '재일한국인'이 영주권을 획득할 수 있게 되었다. 「재일교포의 법적 지위와 대우에 관한 협정」이라고 하는 「대한민국과 일본국 간의 일본에 거주하는 대한민국 국민의 법적 지위와 대우에 관한 협정(조약 제164호)」을 보자.

7 위키백과사전 참조.

대한민국과 일본국간의 일본에 거주하는 대한민국 국민의 법적 지위와 대우에 관한 협정

대한민국과 일본국은, 다년간 일본국에 거주하고 있는 대한민국 국민이 일본국의 사회와 특별한 관계를 가지게 되었음을 고려하고, 이들 대한민국 국민이 일본국의 사회질서 하에서 안정된 생활을 영위할 수 있게 하는 것이 양국간 및 국민 간의 우호관계 증진에 기여함을 인정하여, 다음과 같이 합의하였다.

제1조

1. 일본국 정부는 다음의 어느 하나에 해당하는 대한민국 국민이 본 협정의 실시를 위하여 일본국 정부가 정하는 절차에 따라 본 협정의 효력발생일로부터 5년 이내에 영주 허가의 신청을 하였을 때에는 일본국에서의 영주를 허가한다.
   (a) 1954년 8월 15일 이전부터 신청 시까지 계속하여 일본국에 거주하고 있는 자
   (b) (a)에 해당하는 자의 직계 비속으로서 1945년 8월 16일 이후 본 협정의 효력 발생일부터 5년 이내에 일본국에서 출생하고, 그 후 신청 시까지 계속하여 일본국에 거주하고 있는 자
2. 일본국 정부는 1의 규정에 의거하여 일본국에서의 영주가 허가되어 있는 자의 자녀로서 본 협정

의 효력발생일로부터 5년이 경과한 후에 일본국에서 출생한 대한민국 국민이 본 협정의 실시를 위하여 일본국 정부가 정하는 절차에 따라 그의 출생일로부터 60일 이내에 영주허가의 신청을 하였을 때에는 일본국에서의 영주를 허가한다.

3. 1(b)에 해당하는 자로서 본 협정의 효력발생일로부터 4년 10개월이 경과한 후에 출생하는 자의 영주 허가의 신청기한은 1의 규정에 불구하고 그의 출생일로부터 60일 이내로 한다.
4. 전기의 신청 및 허가에 대하여는 수수료는 징수되지 아니한다.

제2조

1. 일본국 정부는 제1조의 규정에 의거하여 일본국에서의 영주가 허가되어 있는 자의 직계 비속으로서 일본국에서 출생한 대한민국 국민의 일본국에서의 거주에 관하여는 대한민국 정부의 요청이 있으면, 본 협정의 효력발생일로부터 25년이 경과할 때까지는 협의를 행함에 동의한다.
2. 1의 협의에 있어서는 본 협정의 기초가 되고 있는 정신과 목적을 존중한다.

제3조

제1조의 규정에 의거하여 일본국에서의 영주가 허

가되어 있는 대한민국 국민은 본 협정의 효력발생일 이후의 행위에 의하여 다음의 어느 하나에 해당하는 경우를 제외하고는 일본국으로부터의 퇴거를 강제당하지 아니한다.

(a) 일본국에서 내란에 관한 죄 또는 외환에 관한 죄로 인하여 금고 이상의 형에 처하여진 자(집행유예의 언도를 받은 자 및 내란에 부화 수행한 것으로 인하여 형에 처하여진 자를 제외한다)

(b) 일본국에서 국교에 관한 죄로 인하여 금고 이상의 형에 처하여진 자, 또는 외국의 원수, 외교사절 또는 그 공관에 대한 범죄 행위로 인하여 금고 이상의 형에 처하여지고 일본국의 외교상의 중대한 이익을 해한 자

(c) 영리의 목적으로 마약류의 취체에 관한 일본국의 법령에 위반하여 무기 또는 3년 이상의 징역 또는 금고에 처하여진 자(집행유예의 언도를 받은 자를 제외한다), 또는 마약류의 취체에 관한 일본국의 법령에 위반하여 3회(단, 본 협정의효력발생일 전의 행위에 의하여 3회 이상 형에 처하여진 자에 대하여는 2회) 이상형에 처하여진 자

(d) 일본국의 법령에 위반하여 무기 또는 7년을 초과하는 징역 또는 금고에 처하여진 자

제4조

일본국 정부는 다음에 열거한 사항에 관하여, 타당한 고려를 하는 것으로 한다.

(a) 제1조의 규정에 의거하여 일본국에서 영주가 허가되어 있는 대한민국 국민에 대한 일본국에 있어서의 교육, 생활보험 및 국민건강보험에 관한 사항

(b) 제1조의 규정에 의거하여 일본국에서 영주가 허가되어 있는 대한민국국민(동조의 규정에 따라 영주허가의 신청을 할 자격을 가지고 있는 자를 포함함)이 일본국에서 영주할 의사를 포기하고 대한민국으로 귀국하는 경우의 재산의 휴행 및 자금의 대한민국에의 송금에 관한 사항

제5조

제1조의 규정에 의거하여 일본국에서의 영주가 허가되어 있는 대한민국 국민은 출입국 및 거주를 포함하는 모든 사항에 관하여 본 협정에서 특히 정하는 경우를 제외하고 모든 외국인에게 동등히 적용되는 일본국의 법령의 적용을 받는 것이 확인된다.

제6조

본 협정은 비준되어야 한다. 비준서는 가능한 한 조

속히 서울에서 교환한다. 본 협정은 비준서가 교환된 날로부터 30일 후에 효력을 발생한다.

이상의 증거로서, 하기 대표는 각자의 정부로부터 정당한 위임을 받아 본 협정에서 명하였다.
1965년 6월 22일 도쿄에서 동등히 정본인 한국어 및 일본어로 본서 2통을 작성하였다.[8]

1965년 한일기본조약과 함께 이루어진 「대한민국과 일본국 간의 일본에 거주하는 대한민국 국민의 법적 지위와 대우에 관한 협정(조약 제164호)」은 대상자를 분명히 했다. 1945년 8월 16일 이전부터 계속하여 일본에 거주한 사람과 그 자녀로서 일본에 계속 거주한 사람이다. 여기에서 일본은 "계속해서 거주한"이라는 문구를 삽입하여 최대한 해당자 수를 줄였다고 평가할 수 있다.

실제로 1965년 이후 재일동포의 상당수가 한국 국적을 취득했다. 다른 한편으로는 분단된 남과 북 어느 한쪽도 선택할 수 없다는 생각에 이전의 조선 국적을 유지하는 사람들도 상당수 있었다.

그렇다. 1951년부터 14년간에 걸쳐 거듭되었던 한일

8 국가법령정보센터(https://www.law.go.kr/) 참조.

회담에서 “재일교포”의 법적 지위와 대우 문제는 그 핵심의제의 하나였다. 재일동포 문제는 일본의 불법 지배와 관련된 역사적 특수성을 가지고 있는 동시에 소수자 또는 정주외국인의 인권보호 차원에서 접근되어야 하는 문제였다. 1965년 6월에 회담이 타결되고 조약을 체결하여 양국은 상호 간에 외교와 영사관계의 수립과 재일동포에 대한 법적 지위협정을 통해 처우에 대한 제도 개선에 합의했다고 볼 수 있다.

문제는 여기에 있었다. 당초 한국이 일본으로 하여금 한국에 대한 불법지배 책임을 인정하고 ‘재일한국인’의 법적 지위에 대한 확실한 보장을 받아내고자 했던 목표와 취지는 상당 부분 퇴색되어 버렸다. 협정이 발효된 이후에도 재일동포의 법적 지위의 불안정성과 차별대우가 지속되었다.

이후에도 협정영주권의 범위 확대, 강제퇴거, 지문날인 철폐, 교육과 고용 관련된 차별대우 해소 등의 관련된 문제들은 여전히 미해결의 과제로 잔존해 있다. 1991년 1월 한일 양국 외무장관 간에 합의각서 교환을 통해 재일동포의 법적 지위와 처우 개선에 관한 그동안의 협의를 마무리되었다고 할 수 있다. 합의각서로 법적 지위협정의 문제점이 보완되어 재일동포의 법적 지위가 안정되고 사회생활상의 처우 개선이 보장되는 계기가 마련되기는 했으나, 지금도 재일동포의 법적 지위와 권익 보호에는 많은 문제가 있다.

1965년 한일협정은 한국이 생각하는 한일관계가 무엇인지를 이야기했다. 박정희 정권은 경제개발에 필요한 자금을 마련하기 위해 한일 국교 정상화를 추진했다. 1962년 당시 중앙정보부장 김종필은 일본 외무장관 오히라 마사요시(大平正芳)를 만나 협상하고, 이후 내용에 합의했다. 협상은 알려진 것처럼 "김-오히라 메모"라고 했다. 한일 양국은 그동안 논란을 거듭했던 대일청구권 문제를 총 8억 달러(무상 3억 달러, 유상 2억 달러 등)로 마무리 지었다. 여기에 대해 한일 양국에서 반대 운동이 전개되었다.

1964년 1월부터 한국에서는 학생과 시민이 일본의 식민지 지배에 대한 사죄와 배상을 제대로 받아내지 못했다면서 반대 시위를 벌였다. 굴욕적인 한일회담을 반대하는 학생시위는 6월 3일에 절정이었다. 당시 박정희 정권은 비상계엄을 선포하여 탄압했다. 그리고 회담을 지속했다.

1965년 12월 18일 한국의 중앙청 제1회의실에서 한국과 일본 두 나라의 국교 정상화를 최종적으로 확정 짓는 기본 조약과 협정에 의한 비준서가 교환되었다.

이로 인해 다른 동남아시아 국가가 전승국으로서 배상을 받은 데 반해 한국은 독립축하금 명목으로 배상인지, 보상인지, 돈을 얻어냈다.

결국 한국은 한일기본조약에서 제국주의 일본이 한민족을 대상으로 저지른 죄악에 대해 공식 사과를 받지 못했다. 국가 단위의 일본의 공식 사과는 없었다.

| 3 |

1960~70년대 재일동포

한국 경제 발전과 재일동포, 파친코 산업 그리고 유학생 간첩?

한국의 경제 발전과 재일동포

일본에서 기업을 운영하는 재일동포는 국내 투자에 오랫동안 관심을 갖고 실제로 돈을 들고 왔다.[9] 재일동포 기업의 한반도 차원의 투자는 남쪽 한국의 경우 한국전쟁의 휴전협정과 함께 시작되었다고 볼 수 있다. 1953년 7월 재일한국인상공회는 모국산업시찰단을 파견하여 산업계를 시찰했다. 그리고 한국 정부와 협력 방안을 모색하면서, 1956년까지 3차에 걸쳐 이 사업을 진행했다. 특히 박정희 정권이 들어서면서 재일동포 기업가들의 국내 투자는 본격적이었다.

9 김인덕, 「박정희 정부의 경제개발과 구로공단: 해방 이후 재일동포의 국내 경제 활동과 관련하여」, 『숭실사학』 32, 2014 참조.

한국 정부는 재일동포 기업가 50여 명을 초청하여 한국 투자와 지원을 요청했다.[10] 초청받은 재일동포 기업가들에 의해 경제적 지원이 가능했던 이유는 일부 1세 재일동포들이 군사 쿠데타를 군사 혁명으로 지지했고, 지지 세력의 기반이 된 박정희와 동향인 경상도 출신이 많았다는 점도 작용했다. 1964년 당시 경상도 출신 재일동포는 63.5%를 차지하고 있었고, 그 다음이 전라도, 충청도 순이었다. 당시 일본에 거주하고 있던 재일동포 1세 기업가 2명 중 1명이 경상도 출신이었다. 출신 지방별로 보면 경상도에 이어 제주도가 2위를 차지했다.

재일동포 가운데 제주도인에 대한 연구 결과에 의하면, 제주도 경제 발전에 기여한 재일 제주도인의 지연 네트워크로서 마을친목회가 대표적인 조직이라고 한다. 해방 전후 일본에서 제주 출신 마을의 지역별 친목회가 결성되었다. 친목회의 성격도 다양하여 해방 이전에는 새로운 환경 적응을 위한 상호 부조의 목적이 강했다. 해방 이후 1960년대에는 출신 지역, 제주도, 한국 등으로 시대의 요청에 따라 광범위한 초국적인 네트워크를 구축했다. 그리고 각 친목회는 규약을 정하고 연중 행사와 출신

10 세계한민족문화대전 참조.

지역에 대한 지원, 일본에서의 상호 부조의 정신을 강화했다. 이러한 재일동포 네트워크 구축을 통한 마을친목회가 제주도인 정체성의 유지나 강화에 큰 역할을 했다.

재일동포 기업가 중에는 앞서 서술한 것처럼 고향에 학교를 설립하고 장학회를 설립하여 육영 사업을 하는 이들이 많았다. 이들은 육영 사업과 더불어 새마을 운동에 적극적으로 협력하고 고향의 생활 개선을 위한 지원도 아끼지 않았다. 재일동포의 교육 투자는 기업 투자와는 달리 장기적인 교육 인프라 정비로 인재 육성을 목표로 투자하기 때문에 그 인재들이 모국의 근대화와 경제 발전의 주축으로 성장할 수 있었다.

1962년 박정희 정권은 '경제개발 5개년 계획'을 발표하고 통화 개혁을 단행했다. 박정희는 1963년에 정식으로 대통령에 취임하고 경제개발 5개년 계획 수정과 수출 지향의 경제 정책을 본격적으로 가동했다. 1965년 한일기본조약에 의한 「한국과 일본의 재산 및 청구권에 관한 문제 해결, 경제협력에 관한 협정」, 「재일교포의 법적 지위와 대우에 관한 협정」 체결은 재일동포 1세 기업가의 모국 투자를 촉진하는 계기가 되었다.

1966년 8월 박정희는 외자도입법을 공포했다. 외자도입법은 재일동포 1세에게 "한국 투자를 외국인 투자로 우대하는 것을 보장한다"라는 내용으로 비춰졌고, 박정희 정권은 더 나아가 외자도입시행규칙을 정비했다. 이러한 일련의 정책에 의해 재일동포 기업가의 한국 투자의 길이 본격적으로 열렸다.

이후 재일동포 기업은 1964년 이전과는 달리 전기전자 산업이나 관광호텔업에 대한 투자를 집중했다.

1965년 한일기본조약 체결, 1967년 베트남 파병과 제2차 경제개발 5개년 계획을 시작으로 한국의 경제도 비약적으로 성장했다.

재일동포 기업의 모국 투자와 관련하여 재일한인본국투자협회가 1977년에 설립되었다. 재일한인본국투자협회는 재일동포의 모국 투자 유치와 한국 진출 기업의 발전과 상호 연대 강화에 의한 모국의 경제 발전에 기여한다는 취지에서 출범했다.

1965년 한일국교 정상화 이후 한국 정부는 경제 발전에 필요한 기술과 자본을 선진국으로부터 도입하려 했다. 그러나 선진국의 기업은 열악한 경제 수준과 혼란한 정국으로 인하여 한국 진출을 기피했다. 당시 돌파구는 재일동포가 되었다. 재일동포 기업가들이 솔선수범하여 정부 정책에 적극적으로 협력했다. 그 결과 많은 재일동포 기업이 한국으로 진출하게 되었다. 민간 자본에 의해 투자가 진행되었다.

재일동포의 한국 투자는 재일동포 자신에게 어려움으로 작용하기도 했다. 재일동포는 기업가적 이익을 앞세운 합리적인 선택보다는 훈장 제도와 모국과의 친인척 관계 등 비합리적인 감정에 의존했기 때문에 경영 실패를 경험하기도 했다. 재일동포 개인의 재산 반입과 기부, 재일동포 기업의 구로공단을 통한 모국 투자는 지역 사회 발전과 한국경제 발전에 기여했다.

재일동포 기업의 북한 투자도 진행되었다. 북한에서는 1970년대의 석유파동 이후 이를 타개하기 위해 1984년에 합병법을 제정하고, 외국기업의 직접 투자를 유치하고자 했다. 재일동포 기업이 선두에 서게 되었다. 이에 따라 1986년 2월에 북한 정부는 재일본조선인상공연합회 결성 40주년을 기념해 재일본조선인상공연합회의 구성원 등을 초대하여, 북한 정부와 재일동포 기업인 간에 합병사업을 추진할 것에 합의했다.

한국에 투자한 재일동포 기업은 민족적, 경제적 이유로 절대 적지 않은 수가 현재도 존재하고 있다. 이들은 1세에 의해 창립되어 지금은 없어진 경우, 다른 경영진이 운영한 경우 등이 있지만, 이들 기업이 지금도 남게 된 가장 큰 이유는 민족적 차원의 먹고사는 문제의 해결 때문이었다.

재론하지만 재일동포의 국내 투자는 한국의 근대화와 경제 발전에 기여했다. 뿐만 아니라 첨단 기술, 새로운 경영기법 등을 국내에 전수하여 한국 경제 발전의 밑거름이 되었다.

재일동포 파친코 산업

재일동포는 파친코를 한다. 일본에서 제조업을 비롯한 산업의 쇠퇴와 이에 따른 사업 다각화가 불가피한 가운데 새로운 기회를 모색하면서 파친코 산업에 참여했다.[11] 당시 재일동포는 파친코 산업에 투자가 용이했다. 재일동포 사회 내부에 네트워크가 형성되어 있었다. 1955년 규제를 계기로 형성된 파친코 산업에 대한 사회적인 인식은 이후 일본 사회로부터 참여를 제한하는 조건을 만들었다.

그럼에도 파친코 산업은 담당자를 재일동포라는 특정 민족집단의 선택 여하에 의존하게 되었다. 파친코 산업을 '비즈니스 찬스'로서 인식하는 환경과 사업으로서의 실현 가능성을 높이는 조건은 재일동포 사회에는 공

11 韓載香,『在日企業の産業經濟史』, 名古屋大學出版會, 2010 참조.

유되었다.

일본 내에서 최근까지 파친코 산업은 전국인 규모로 시장 기반을 가지고 있다. 재일동포 사회 내에 재생산된 정보는 직접적인 경쟁이 생기지 않는 형태로 공유되어 축적되었다.

상당히 오랫동안 파친코 산업은 재일동포의 민족 커뮤니티 내에서 운영과 허가, 기자재 등에 대한 정보가 공유되었다. 재일동포는 일반 일본 사회와는 다르게 파친코의 산업적 가치를 자본의 논리와 별도로 유지했다. 이것은 민족이라는 틀을 설정하지 않는 한 보이지 않는다.

파친코 산업에서 재일동포의 인큐베이터적인 역할은 컸다. 재일 기업이 파친코 산업에 참여할 때에는 그 역할이 컸지만, 그 후 성장 과정에서는 재일동포 커뮤니티의 역할이 상대적으로 축소되었다. 여기에는 일반 일본 사회로부터 자금 조달이 중요하기 때문이다. 1980년 이후 두드러진 파친코 시장의 성장, 1985년 이후의 경찰과 연대한 폭력단에 대한 대처의 진전이 보이자, 일본인도 파친코 산업을 비즈니스 찬스로 인식하게 되었다.

일본 내에서 코로나19 팬더믹을 지나면서 파친코 산업의 지형도 변하고 있다. 글로벌시대를 맞이하여 자신의 경험과 노하우를 바탕으로 새로운 모습으로 거듭나려고 시도해야 할 것이다.

재일동포 유학생 간첩?

한국에서 정치적 이지메를 경험한 재일동포도 있다. '재일동포 유학생 간첩단 사건'이라는 표현을 들어 보았는지 모르겠다. 재일동포에 대한 한국적, 분단적 현실을 보여주는 사건이다.

1975년 11월 중앙정보부가 발표한 일로, 재일동포 13명을 포함하여 총 21명이 간첩으로 기소되었다.[12] 이 사건은 결국 중앙정보부에 의해 조작된 사건으로, 이후 진실화해를위한과거사정리위원회의 재심 권고를 통해 관련자들이 무죄를 선고받았다.

1971년 서승, 서준식 형제의 간첩 조작사건을 필두로 보안사와 중앙정보부에서 여러 차례 재일동포를 간첩 조작에 이용했다.

부산대학교 재일동포 간첩단 사건도 있었다. 1970년대 중반 한국 정부는 재일동포 사회에서 대학생을 한국으로 불러들여 유학을 시키며 체제 우위를 선전했다. 1975년 부산대학교 법정대학의 데모를 주도한 학생이 시

12 김효순, 『조국이 버린 사람들-재일동포 유학생간첩 사건의 기록-』, 서해문집, 2015 참조.

위 과정에서 재일동포 유학생을 만났다. 그리고 일본의 시사 잡지 『세계』에 연재된 「한국으로부터의 통신」을 전달받았다. 이로 인해 관련자가 구속되었다. 단순한 반정부 유인물 살포 사건을 의도적으로 확대하여 간첩 사건으로 조작했다. 이런 부산대학교 재일동포 간첩단 사건은 민청학련사건이 발생하고 반(反)유신 시위가 전면적으로 일어날 때 조작된 간첩단 사건의 표본이라고 할 수 있다.

재일동포 간첩단 사건은 일본에서 한국에 공부하러 온 재일동포 2세의 자유로운 사상적 특징을 감안하지 않고 간첩으로 몰아세운 일이다.

| 4 |

북송, 북한으로 간 재일동포

재일동포의 이미지는 사회 변화에 따라 달랐다. 1960~70년대 한국 사회에서 재일동포라면 일제 전자제품을 구할 수 있는 통로로 여기거나 일본에서 성공해 돈을 번 사람들로 생각했다. 그런데 과연 우리만 이들을 그렇게 보았을까. 우리 한민족의 또 다른 반쪽인 북한에서는 재일동포를 어떻게 보았을까. 일찍이 북한은 재일동포의 귀국을 적극적으로 추진했다. 그것이 이른바 북송, 귀국, 귀환이다. 과연 북송은 재일동포에게 무엇이었는가.

공식적으로 재일동포의 북송은 1959년 8월 일본 적십자사와 북한 적십자사 사이에 체결된 협정에 의해 이루어졌다. 1959년 12월을 시작으로 1984년 7월까지, 총

187차에 걸쳐 재일동포 9만 3천여 명이 북한과 총련의 호소에 따라 북으로 갔다.[13]

일본에서 북으로 가고자 하는 조직적인 움직임은 북송 이전에도 있었다. 총련 수석부의장의 지도로 1958년 8월 가나가와 현 가와사키(川崎)시에 거주하는 재일동포가 집단 귀국을 결의했다.

북한에서도 이들과 호흡을 같이했다. 북한은 1958년 창건 10주년 기념 경축대회에서 재일동포의 귀국 후 생활 기반 보장과 귀국에 필요한 비용과 수단의 제공을 약속했다. 남일 외상과 김일 제1부수상이 일본 정부에 재일동포 귀국 실현을 요구했다. 이에 호응해 민족차별과 생활고에 시달리던 재일동포 사회에서 귀국운동이 본격적으로 전개되었다.

북한 적십자사와 일본 적십자사 사이에도 1956년부터 재일동포 귀국 문제를 놓고 접촉이 있었다. 북한과 일본 적십자사 대표들은 1959년 4월 제네바에서 회담을 갖고, 각각 본국에서 북송을 비준했다. 마침내 1959년 8월 양국 적십자사 대표는 인도의 캘커타에서 협정에 조인을 했다.

---

13 오일환, 「재일 조선인 북송 문제」, 『일본 한인의 역사(하)』, 국사편찬위원회, 2010 참조.

1959년 12월 14일, 제1차로 975명이 니가타(新潟)항을 떠났다. 이어서 제2차 북송선이 12월 21일에 출항했다. 첫해에 뒤이어 1960년에는 49,036명, 1961년에는 22,801명이 북송되었다. 그러나 1962년부터는 갑자기 북송자가 줄어 3,497명만이 귀국했다. 1963년에는 2,567명이 북송선을 탔고, 이후로도 계속해서 숫자가 줄어들어 1973년부터는 1천 명 미만이 북으로 갔다.

북송은 재일동포의 성원과 일본 정부의 이해관계가 맞아 떨어져서, 북송이 추진된 이듬해에 벌써 5만 명 이상이 귀국했다. 20여 년에 걸쳐 북한으로 귀국한 동포의 수는 약 9만 3천여 명에 이른다. 문제는 귀국 재일동포가 일본에 재입국하는 것이 허락되지 않는 사실이다. 일본과의 통신도 자유롭지 못했고, 결국 초기에 불꽃처럼 타올랐던 북송의 열기는 식어 갔다. 북송은 1967년 이후 한때 중단되었다가 1971년에 재개되었다. 그러나 그 수가 점차 줄어서 1984년 이후에는 완전히 중단되었다.

북송을 재일동포는 왜 선택했을까. 북송은 당사자들의 선택에 의한 것이라 할 수 있다. 북한행을 택한 재일동포에게는 나름대로의 이유가 있었다. 북송이 시작될 당시 일본은 고도성장의 길로 접어들기 전이었고, 재일동포는 만성적인 실업 상태와 민족차별에 의해 고통을 받고 있었다. 게다가 당시 북한은 '지상낙원'으로 선전되었고, 일본 사회의 전체적인 분위기 또한 인도주의를 내세워 재일동포의 북한 귀국을 부추겼다.

사실 북한 당국에게는 귀국 재일동포의 생활을 어떻게 정착시킬 것인가 하는 큰 문제가 있었다. 북한은 재일동포를 위한 주택과 직장, 학교를 마련하는 데 중점을 두었다. 이에 따라 북한은 주택과 일체 가정용품을 무상으로 보장하고 1개월분의 식량과 보조금을 주었다. 그러나 당시 북한의 농업 상황을 살펴보면, 귀국 재일동포 역시 식량 문제로 고통을 당할 수밖에 없는 실정이었다. 초등학교의 의무교육 실시와 같은 사회보장의 측면에서도 문제가 많았다. 모두가 노동자이고 평균적인 분배가 이루어진 북한 인민 대중의 생활은 의식주와 자녀교육 등에서는 당시의 남한보다 못하지 않았다. 그러나 귀국 재일동포의 비교 기준은 남한이 아니라 일본이었다.

북한은 기본적으로 계급정책을 바탕으로 귀국 재일동포를 관리했다. 그런데 1970년 9월에 끝난 주민성분 분류사업에서, 북한 정부는 귀국 재일동포를 적대계층으로 분류했다. 귀국 재일동포의 성분이 노동자, 농민, 상인, 학생, 사무원, 인테리 등으로 다양했음에도 불구하고, 북한은 모두 '일본귀환민'이라는 하나의 범주로 묶어 대우했다.

뿐만 아니라 귀국 재일동포가 거주하는 지역이 평양이냐, 지방이냐에 따라 생활 수준도 차이가 컸다. 또한 일본 혹은 해외에 있는 친척들의 뒷바라지 정도에 따라서도 달랐다. 귀국한 재일동포 자녀들은 엄격한 규제와 차별대우를 받았다고 한다. 귀국 재일동포는 대부분이 남한 출신이었기 때문에 북한에서 이산가족의 재회는 발생하지 않았다.

초기의 일부 귀국 재일동포는 새로운 문화주택을 배정받기도 했지만, 상당수는 주택 문제가 만족스럽지 않았다. 조선노동당은 부족한 재정과 물자에, 인력을 투입해 예정된 건설사업을 추진했는데, 주택 마련이 커다란 부담이었다. 주택 건설은 상당 부분이 인민대중의 원호금과 기부, 노동력에 의한 것이었다. 북한 인민들은 근무 시간 이외의 노동으로 주택을 건설했다. 농업협동조합원과 공장노동자들은 생필품을 모으거나 생산했다. 1959년 10월을 전후해 주택이 건설되기 시작했다. 북송 초기에 북한 주민들은 정부가 늘 헐벗고 굶주린다고 말한 재일동포를 맞이하기 위해 힘든 일도 기쁘게 했다. 실제로 영예 군인의 주택 문제도 해결되지 못한 1959년에 재일동포에게 먼저 주택이 분배되었다는 사실은 주목할 만하다.

귀국 초기에 지식인은 경력을 인정받아 비교적 쉽게 일자리를 얻은 것 같다. 지식인의 경우, 일본에서의 학위와 기술 자격이 인정되어 연구직을 얻은 이들도 있었다. 하지만 북한 체제에 불만을 품고, 연대해서 일을 도모하다가 체포되는 일이 적지 않았다.

기술자들의 처우도 좋지 않았다. 기술자들은 일터를 찾았지만 오히려 사상 비판에 처하게 되었다. 북한은 1950년대 사회주의 경제를 구축하면서도 기술자들에 대한 사상적 압박을 가했다. 특히 귀국 재일동포라는 '성분'을 의심받는 처지에서 귀국 재일동포의 입지는 불안할 수밖에 없었다.

상업에 종사하던 사람들은 일본에서 가져온 개인 재산과 화폐의 사용을 보장받았다. 그들은 국영 상업기관에서 일할 수 있었다. 개인 기업가들은 기술과 재능에 따라 공장, 기업소, 생산협동조합에 들어갈 수 있었다. 그러나 개인 기업이나 상업이 금지된 상황이었기 때문에 생산협동조합에 들어갈 수밖에 없었다. 하지만 노동자와 조선노동당 조직이 기업소 운영의 주도적 위치를 차지하는 관리 체계에서 이들 기업 경험자들의 실제 위치는 그다지 좋지 않았다.

학생의 경우는 5차까지의 귀국 재일동포 중 38%인

1,878명이 각급 학교에 취학했고, 대학에도 135명이 입학해 학업을 계속했다. 학생 신분이 아니었던 이들의 진학 희망은 뜻대로 이루어지지 않았던 것 같다. 귀국 재일동포 학생들은 일반 학생과 마찬가지로 오전 중에 강의가 끝나면, 나머지 시간은 도로나 건설 현장에서 노동을 했다. 학생들이 노동에 동원되는 것은 북한 사회에서는 당연한 일이었으며, 일하지 않는 경우에는 식량을 배급하지 못하도록 법으로 정해져 있었다. 이것은 옳고 그름을 논하기 이전에 당시의 북한 사회에서는 합법적인 일이었다. 또한 사회주의 건설 과정에서 인민 대중이 적응해야 하는 필수 단계이기도 했다.

북한체제에 익숙하지 않았던 귀국 학생과 여성들에게는 가혹한 요구였다. 따라서 이들이 비판의 대상이 되었을 가능성은 상당히 높다. 당시 북한은 어느 직장을 막론하고 여성 비율이 매우 높았으며, 주부들의 노동도 적지 않았다. 이런 현실에서 귀국 재일동포 여성들에 대한 노동 참여 요구는 당연한 것이었다.

귀국 재일동포에게는 새로운 문화에 적응하는 것도 힘든 일이었다. 문화적인 차이는 갈등의 원인이 되었다. 더구나 귀국 재일동포가 대부분 남한 출신이거나 일본에서 태어난 사실은 북한 인민들의 적대적 차별을 낳았다.

또한 일본에서 보내온 돈이나 물자가 북한 주민들의 적대적 차별을 조장하기도 했다. 귀국 초기에 북한은 귀국 재일동포를 위해 의복을 공출했다. 귀국 재일동포의 형편은 북한보다 나았다. 이것이 귀국 재일동포에 대한 북한 인민 대중의 질시로 이어진 듯하다.

재일동포의 북송은 총련 조직을 강화시켰다고 보인다. 북한과 총련의 관계를 긴밀하게 만들었다. 일본은 재일동포의 북송이 그들의 골칫거리를 처리해 주는 것으로 생각했으므로 반대할 이유가 없었다. 그래서 총련은 일본 정부의 암묵적인 지지하에 한덕수를 중심으로 한 주류파의 체제 확립 속에서 북송사업을 어려움 없이 추진할 수 있었다.

이에 반해 민단은 '북한송환반대 투쟁위원회'를 설치하고 조직을 총동원해 재일동포와 일본의 각 기관, 단체, 신문 등에 북송 반대에 나서줄 것을 호소했다. 이는 북송을 바라보는 민단의 생각이 달랐기 때문이다. 민단은 북한이 결코 지상낙원이 아니라는 것, 북한에는 일상생활 필수품조차 궁핍하다는 것, 공산주의 사회이므로 자유를 박탈당하고 행동의 구속이 심하다는 것, 강제 직장 배치가 이루어진다는 것 등을 내외에 알렸다. 그러나 논란 속에서도 북송사업은 계속되었다. 북한은 북송사업

시작 40주년을 맞아 평양 인민문화궁전에서 중앙보고회의를 열었다.

북한이 북송사업을 진행한 목적은 무엇이었을까? 일반적으로 주장되는 것은, 노동력 확보가 목적이었다는 것이다. 북한은 한국전쟁 이전에도 노동력이 부족했는데, 한국전쟁과 월남(越南)으로 인해 인구가 더욱더 줄었다. 1958년에는 북한의 전쟁과 복구를 지원하던 중국군이 철수하면서 인적 공백이 더욱 심화되었다. 따라서 노동력 부족이 문제의 핵심이었다. 노동력과 더불어 남북관계에서도 그 목적을 찾을 수 있다.

1951년 10월의 1차 한일회담에 이은 1953년 3차 한일회담은 결렬되었다. 그러나 1957년 12월 제4차 회담 예비교섭에서, 일본은 대한(對韓) 청구권을 철회하고 구보타(久保田) 망언을 취소했다. 일부 문화재의 반환과 억류어부와 억류 밀항자의 상호 석방을 결정했다. 한일 간의 교섭은 일정 정도 진전되었다. 이런 상황에서 북한은 재일동포의 귀국이라는 인도적 문제를 제기하여 이들을 귀국시켜 북한체제의 '우월성'을 북한 주민과 남한 사회에 선전하고자 했던 것 같다.

| 5 |

문학과 영화, 재일동포 삶의 모습

재일동포 문학

작가 한강이 노벨문학상을 받았다. 한동안 한국에서도 재일동포 문학과 관련해 뉴스에서 주목받은 작가가 있었다. 일본에서 활동하는 재일동포 소설가가 유수의 문학상을 받았다는 기사이다. 최고 권위를 자랑하는 아쿠타가와(芥川)상의 경우만 하더라도 이회성, 이양지, 유미리 등 다수의 재일동포 작가가 수상했다. 이들은 주로 재일동포 사회를 소재로 한 작품을 통해 일본에 재일동포의 실상을 소개했다. 문학을 통해, 예술을 통해, 변방의 존재인 재일동포의 문제를 제기하고 고민한 것은 이미 오랜 일이다.

사실 1910년 한일병합을 전후한 시기부터 1920년

초반까지만 해도, 유학생들은 근대적인 신문물을 받아들이고 소개하는 데 중요한 역할을 했다. 우리가 잘 아는 최남선, 이광수, 전영택, 김동인, 주요한 등이 모두 재일 유학생 문학도였다. 근대 문학의 주역이었던 이들은 『학지광(學之光)』, 『창조(創造)』, 『해외문학(海外文學)』 같은 잡지에 국민계몽과 민족의식을 고취하는 시와 소설, 평론 등을 발표했다.

1920년대부터는 유학생들이 직접 일본어로 된 작품을 발표했다. 1922년 정연규는 『예술전선』에 일본어 작품인 「혈전의 전야(血戰の前夜)」를 발표했다. 내용은 '한양'까지 침입한 외적과의 결전을 앞둔 의병장의 고뇌를 그린 것이었다. 뒤이어 김희명, 한설야, 이북만, 백철, 김용제, 임화 등도 각종 잡지에 여러 장르의 작품을 발표했다. 동시에 이들은 조선 내의 프롤레타리아 문학을 일본에 소개했다. 이들의 작품은 조선인에 대한 차별이나 일제에 대한 분노 등을 그려서, 향후 재일동포 문학의 방향을 제시해 주었다.

재일동포 프롤레타리아 문학을 이야기하려면, 먼저 제3전선사의 결성부터 보는 것이 타당하다. 임화, 한식, 이북만, 김두용, 조중곤 등은 1926년 11월 도쿄에서, 프롤레타리아 예술의 임무를 창작 활동에만 국한하지 말고 투쟁을 통한 프롤레타리아 계몽으로 확대해야 한다며 제3전선사를 조직했다. 이후 제3전선사는 조선프롤레타리아 예술가동맹의 재조직 후 자진 해체하고, 『개척』의 동인과 함께 카프의 도쿄지부로 전환해 갔다. 당시 도쿄지부는 '전위양성소'와 같은 역할을 했다. 그 주요 구성원은 이북만, 김두용, 고경흠, 조중곤, 이우적 등으로 재일동포 민족운동 단체에서 주도적인 활동을 하는 사람들이었다.

1929년 11월, 카프 도쿄지부는 해체를 선언하고 새롭게 출범한 무산자사로 들어갔다. 무산자사는 출판물을 통한 선전 활동을 통해 토대 강화를 도모했다. 이들의 활동도 당시 국제공산주의가 표방한 일국일당주의 원칙과 무관할 수 없었다. 결국 무산자사의 해체를 빌미로 하여, 재일동포 민족운동의 헤게모니를 둘러싸고 고경흠, 김치정, 김두용 그룹과 정희영, 김동하 그룹 사이에 논쟁이 벌어졌다. 그리고 무산자사의 소멸로 합법단체에서의 활동이 어렵게 되자, 검거를 피했던 사람들은 무산자사의 후신인 노동예술사준비회를 조직했다. 이 조직은 이후 노동계급사로 발전했다. 또한 일부 사람들은 동지사를 결성해 활동했다.

시간이 가면서 일본의 조선 예술은 일본 예술과 공

동전선을 결성할 것, 한 나라 안에 민족적으로 2개의 단체가 병립하는 것은 불가능하다는 논의가 지배적이었다. 카프에도 해체 요구를 받게 되었다.

일본 문단에서의 본격적인 재일동포의 문학 활동은 프롤레타리아 문학이 쇠퇴하던 1932년에 『개조(改造)』의 현상 공모에서 2위로 입상한 장혁주의 「기아도(飢餓道)」라고 할 수 있다. 이 소설은 기아와 절망 상태에 빠진 농촌을 배경으로, 가재도구를 처분하고 만주로 야간 도주하는 농민들의 모습을 통해 일제의 제도적인 수탈과 착취를 고발하고 있다. 그리고 농민들 스스로 일제의 수탈과 착취에 저항해야 한다고 역설했다. 장혁주는 조선인들이 처한 어려운 처지를 널리 세계에 호소하기 위해 일본어로 작품 활동한다고 밝힌 바 있다. 그는 해방 전까지 장편 16편과 단편 5편이나 되는 많은 작품을 발표했다.

1930년대 재일동포 문학은 장혁주를 넘어 김사량을 만날 수 있다. 1939년 김사량은 아쿠타가와상 후보에 오른 「빛 속에서」를 발표했다. 이 소설은 일본인 아버지와 조선인 어머니를 둔 혼혈아의 심리를 묘사하고 있다. 여기서 그는 일본 사회 속에서 조선인이 느끼는 고뇌와 그들이 겪는 억압과 차별이 어떻게 인간성을 왜곡시키는가를 조명하고 있다.

1930년대 말에 들면서 일제의 억압은 훨씬 더 강화되었다. 일제는 침략 전쟁을 수행함에 따라, 내선일체(內鮮一體)라는 미명 아래 신사참배와 창씨개명을 강요했다. 징병과 징용으로 조선인들을 만주와 남양 제도 등지로 끌어갔다. 이와 함께 문학인들은 친일 작품을 창작하도록 강요받았다. 이때 장혁주는 친일로, 김사량은 탈출이라는 모습으로 각자의 길을 갔다. 이들을 통해 우리는 식민지 문학인의 두 가지 길, 즉 굴욕과 저항을 이해하게 된다. 해방 후에도 문학 활동을 하던 장혁주가 친일문학자로 취급되면서 그의 작품에 대한 평가는 크게 격하되었다.

장혁주와 김사량 외에도 대표적인 재일동포 작가로 김달수를 들 수 있다. 김달수는 작품에서 식민지 백성이라는 숙명을 짊어지고 차별과 멸시를 받으며 살아가는 조선인의 모습을 그렸다. 그는 일본인의 우월감과 위선을 고발하고, 피지배 계급인 조선인의 자리를 확인했다. 또한 자립과 향학의 뜻을 불태우던 젊은 시절의 자신을 소설 속에서 표현하고자 했다. 김달수의 작품들은 개인 고난사적인 작품의 선구로서 식민통치 하에 신음하는 자신을 포함한 재일동포의 위치를 재확인하고 있다. 그리고 자립과 독립에 대한 소망을 잘 그려냈다.

재일동포 영화

문학을 넘어 재일동포는 영상물에 주목했다. 이들은 영화, 다큐멘터리 그리고 TV 드라마 등에 출연했다.

「작은 오빠」 감독 이마무라 쇼헤이 / 1959 / 출연 나가토 히로유키, 마츠오 카요

「교사형」 감독 오시마 나기사 / 1968 / 출연 우에노 다카시, 토우라 마츠히로

「가족시네마」 감독 박철수 / 1988 / 출연 양석일, 이사야마 히로코

「달은 어디에 떠 있는가」 감독 최양일 / 1993 / 출연 키시타니 고로, 에자와 모에코

「푸를 청」 감독 이상일 / 1999 / 출연 마시마 히데카즈, 아리야마 나오히로

「고」 감독 유키사다 이사오 / 2001 / 출연 쿠보즈카 요스케, 시바사키 코우

「밤을 걸고」 감독 김수진 / 2003 / 출연 후부키 준, 푸와 만사쿠

「우연히도 최악의 소년」 감독 구수연 / 2003 / 출연 이치하라 하야토, 나카시마 미카

「피와 뼈」 감독 최양일 / 2004 / 출연 기타노 다케시, 아라이 히로후미, 오다기리 조

「박치기」 감독 이즈츠 카즈유키 / 2004 / 출연 시오

야 슌, 사와지리 에리카

「우리학교」 감독 김명준 / 2006 / 131min / 다큐멘터리

「디어평양」 감독 양영희 / 2006 / 107min / 다큐멘터리

「그라운드의 이방인」 감독 김명준 / 2014 / 103min / 다큐멘터리

「60만번의 트라이」 감독 박사유, 박돈사 / 2014 / 107min / 다큐멘터리

이 가운데 「피와 뼈」는 주목된다. 최양일 작품이다. 양석일의 소설 『피와 뼈』를 원작으로 만들어진 영화이다. 1936년생인 양석일은 오사카시 이카이노(猪飼野)에서 태어났다. 부모는 제주도 출신이다. 열여덟 살 때부터 시를 썼고, 생업을 위해 잠시 미술인쇄업을 했다. 사업에 실패해 전국을 떠돌던 어느 날, 우연히 한 시골 책방에서 헨리 밀러의 『남회귀선』을 읽고 소설가가 되기로 결심했다고 한다. 작가의 삶을 살 때까지 도쿄에서 택시 기사로 일했다. 이것이 토대가 되어 「달은 어디에 떠 있는가」를 발표했다. 1993년 최양일 감독이 이 작품으로 영화를 만들어 베를린영화제를 비롯한 각종 영화제에서 상을 휩쓸며 세간의 주목을 받았다. 이후 양석일은 자신의 아버지를 모델로 식민지 시기의 일본을 살아가는 폭력적이고 괴물 같은 재일동포를 그려낸 『피와 뼈』를 세간에 내놓

았다.

소설 『피와 뼈』를 영화로 만든 최양일은 1949년 나가노(長野)현 사쿠(佐久)시에서 조선인 아버지와 일본인 어머니 사이에서 태어났다. 어머니와 함께 4살까지 단둘이 살았다. 소학교 1학년이 되었을 때 도쿄로 이사하면서 처음으로 아버지와 같이 살았다. 그의 아버지는 좌익 활동가였다. 최양일은 도쿄조선고급학교에 입학했다. 그는 민족의식과 정체성에 대해 고뇌했다. 이 시기에 형성된 그의 가치관은 이후 그의 작품 곳곳에 반영되었다. "면면히 점철된 일본어가, 일본제국주의 36년간의 한반도 식민지 시대 및 침략의 유산인 '재일'을 이야기할 때, 이 일련의 이야기는 나에게는 사랑이라든가 연애라든가 하는 보통의 욕망을 누락시켰다. '환상의 조국'은 대체 어디에 있는 것인가."[14]

최양일은 민족이라는 집단적 정체성으로 규정되어져 버린 것과 다른 생각을 갖기 시작했다. 그는 재일동포의 삶 속에서도 각자의 다양한 개인의 행방과 존재가 있음을 인식하고자 했다. 최양일은 10대 후반기에 시대의 흐름 속에서 스스로 정체성과 가치관을 형성하여 나아갔

---

14 崔洋一ほか, 『崔洋一の世界』, 日本テレビ, 1994 참조.

음을 알 수 있다.

최양일의 가치관은 감독 데뷔 후 재일동포의 영화 작품들 속에서 반영되어 재일동포 공동체의 내부적인 갈등이나 세대 간의 갈등 등으로 나타났다.[15] 영화 「피와 뼈」에서는 주인공 재일동포가 불편한 사람으로 그려진다. 기타노 다케시가 여기에서는 배우로만 출연한다. 겉은 평범하지만 감독으로 배우로서도 상당한 개성적 연기를 갖춘 그가 거칠고 비정한 연기를 실감나게 한다. 김준평은 성공을 위해서 악착같이 일을 하면서 돈과 가부장적 지위에만 집착하는 괴물 중의 괴물로 그려진다. 돈만 밝히고 지독한 구두쇠인 김준평은 아내와 딸에게 거침없이 폭력을 휘두르는 인물이며 자신이 운영하는 어묵공장의 직원들에게도 폭력과 악담, 그리고 저임금 착취를 일삼는 인물이다.

2시간 20분. 영화는 시종일관 굉장히 보기 불편한 장면들이다. 김준평의 만행은 어려운 시대상의 모습과 가부장적 시대의 비참함, 재일동포 아버지?를 너무 드러내고 있다.

최양일의 영화에서 재현된 재일동포의 폭력은 조국

15 崔洋一·鄭義信·梁石日,『映画「血と骨」の世界』, 新潮社, 2004 참조.

을 떠나 일본에서 살아남기 위한 수단 중 하나였다.[16] 하드보일드 경향의 필름으로 느와르 장르를 통해 재일동포를 표현하고, 피를 통한 혈육, 폭력과 잔인성 및 저항을 상징, 뼈는 고향, 조국, 죽어도 변질되지 않는 것, 그리고 김준평을 통해 1세의 지향점은 조국임을 그리고자 했다.[17] 양석일은 최양일의 영화에 대한 평가에서 주류사회와의 소통을 위한 방법이 그의 영화라고 보았다.

재일교포 3세 마쓰에 데츠야키의 작품인 「안녕 김치」가 있다. '데츠야키 바보'라는 유언을 남기고 돌아가신 할아버지를 생각하며 만든 다큐멘터리이다. 한국인의 정체성을 찾기 위해 노력한다, 그리고 할아버지의 고향 충청도를 찾아 그를 찾는다. 이른바 핑크무비와 AV의 감독이면서도 이런 작품을 만든 것이 주목된다. 마쓰에 데츠야키는 일본 AV업계에서 일하는 재일교포 여성들을 다룬 다큐멘터리 「다큐, 거짓말하는」 등을 만들었다.

일본 영화계에는 한국계가 적지 않다. 한동안 일본 대중문화 소개 서적을 많이 쓴 이규형 감독은 일본의 전설적인 배우로 「블랙 레인」에 출연했던 마쓰다 유사쿠와 「철도원」으로 우리에게도 잘 알려진 다카쿠라 켄이 한국

16 주혜정, 『최양일 영화의 마이너리티 연구』, 선인, 2020 참조.
17 崔洋一·鄭義信·梁石日, 『映画「血と骨」の世界』, 新潮社, 2004 참조.

계라고 주장했다. 영화계에서 한국계로 알려진 또 다른 인물은 영화배우 겸 감독으로서 쇼 프로그램 진행자와 개그맨으로도 활동하는 비토 다케시이다. 비토 다케시는 한 일본 언론과의 인터뷰에서 외할머니가 한국인이라며, 자신이 '4분의 1 한국인'이라고 밝힌 적이 있다.

| 6 |

차별을 넘은 재일동포 연예인, 대중가수

일본 연예계에는 재일동포가 많이 활동한다. 알려져 있기도 하고 모르기도 한다. 일본 연예계의 가수로 무시할 수 없는 존재가 재일동포이다. 오랫동안 인기를 누리는 일본의 정상급 가수는 많은 사람이 한국계라고도 한다.

일본의 가요계에는 레코드 대상과 일본 가요 대상이 있다. 이러한 상을 탄 한국계 가수는 프랑크 나가이(フランク永井), 미야코 하루미(都はるみ), 미소라 히바리(美空ひばり), 고야나기 루미코(小柳ルミ子), 이쓰키 히로시(五木ひろし), 후세 아키라(布施明), 야시로 아키(八代亜紀), 사이조 히데키(西城秀樹) 등이다.

미야코 하루미는 한국에서도 유명하다. 일찍이 어머

니의 권유로 직업 가수의 길에 들어선 그녀는 16세 때, 제14회 컬럼비아 전국 가요 콩쿠르에서 우승해, 전속 가수로 데뷔했다. 이후 미야코 하루미는 1960년대 후반 엔카 부흥의 선두에서 활동했다. 그녀는 뛰어난 가창력으로 레코드 대상 3관왕이 되기도 했다.

미야코 하루미와 쌍벽을 이루던 이가, 일본의 이미자라 할 수 있는 국민 가수 미소라 히바리이다. 그녀는 요코하마의 생선 가게의 맏딸로 태어났다. 6살 때 우연히, 전쟁터로 떠나는 병사들의 송별회에서 노래를 불러 어른들을 감동시킨 일이 전설처럼 내려오는 사람이다. 미소라 히바리의 아버지는 미소라 악단을 결성해 활동했다. 그래서 그녀는 어려서부터 노래를 불렀고, 그녀의 재질은 아버지에게서 물려받았다고 할 수 있다. 미소라 악단의 인기 가수는 바로 미소라 히바리였다. 그녀는 9살 때 처음 무대에 섰다. 천재 소녀가 출현했다고 요코하마 전체가 떠들썩했다고 한다.

큰 반향을 불러일으켰지만, NHK의 아마추어 노래자랑대회는 소녀 가수의 출연을 거부했다. 이유는 동요를 부르지 않았기 때문이다. 미소라 히바리는 못 부르는 것이 없이 재즈, 맘보 등 온갖 장르의 노래를 불렀고, 자기 나름대로 가락을 소화해 내기까지 했다. 그녀는 곧바로 대중적인 스타가 되었다. 이후 미소라 히바리는 음반업계와 은막, 무대의 대스타로 대중적인 추앙을 받았다.

한국계 남자가수로는 후세 아키라가 있다. 그는 유명한 여배우 올리비아 핫세와 결혼해 매스컴을 떠들썩하게 한 인물로, 18세의 나이에 데뷔했다. 이후 가창력과 뛰어난 외모로 젊은이들의 인기를 독차지했다. 특히 1970년 NHK의 홍백가요대전에서 열창하던 모습은 지금도 많은 일본인 시청자들의 기억에 남아 있다.

1980년대 들어서는 첫 데뷔 때부터 자신의 출신을 밝히면서 활동하는 재일동포 가수가 등장하기 시작하였다. 하쿠류(白龍), 박보(朴保), 조박(趙博), 이정미(李政美), 홍영웅(洪榮雄)은 포크나 록을 바탕으로 고국의 민요나 전통적 리듬, 가곡을 접목시켰을 뿐만 아니라, 1980년대 한국에서 한창 인기가 있었던 민중 저항 노래를 다채롭게 받아들이면서 자신의 삶을 노래했다. 또한 아라이 에이치(新井英一)는 「청하로 가는 길」이라는 곡에서 재일동포 2세의 성장과 민족과 조국과의 해후를 노래했다. 성악가 전월선(田月仙)은 평양과 서울에서 가곡 콘서트를 열어 통일을 염원했다. 재즈 장르에서도 재즈 베이시스트인 김성구(金成龜), 블루스를 부르는 유카단(憂歌團)의 보컬 기무라 아쓰키(木村充揮), 싱어송라이터 사와 도모에(澤知恵)의 활동도 왕성했다.

1995년 TBS 레코드 대상 시상식에서는 한국계 연예인들이 자신의 정체성을 숨겨야 하는 현실을 고발하는 사건이 벌어졌다. TBS 레코드 대상은 시청률이 30%를 넘는 인기 프로그램으로 NHK 홍백 가요전과 함께 일본 가요계를 결산하는 프로그램으로 인정받고 있다. 그 날 심사위원들은 일본 대중음악계의 여신으로 떠오른 아무로 나미에를 제치고 한국계 귀화자인 아라이 에이치(한국명 박영일)에게 대상을 주었다.

심사위원들은 박씨에게 대상을 준 이유를 "일본 사람들에게 충격을 주고 싶어서"라고 설명했다. 아라이 에이치에게 대상을 안긴 곡은 「청하 아리랑」으로, 자신의 아버지가 일본으로 징용 온 길을 되짚어 가는 길에서 받은 느낌을 담은 곡이다. 심사위원들은 그가 일본 연예계에 경종을 울렸다고 평가했다.

일본 사회가 바뀌면서 신세대 가수들 중에는 데뷔할 때부터 자신이 재일동포임을 밝히는 경우가 늘고 있다. 테크노 음악 DJ 도와 데이(한국명 정동화), 그룹 엠 플로의 래퍼 버발, 댄스 가수 크리스탈 케이 등은 자신이 한국계임을 밝혔다. 이 외에 아이돌 스타 소님과 재즈 가수 가와무라 가스미가 한국계임을 밝히고 활동한다. 자신을 드러내지 못하는 한국계 연예인들은 뒤에서 조용히 한류의 우군이다.

일본 연예계에 한국계가 많은 이유에 대해 재일동포 사회에서는 단순히 한국계의 외모가 뛰어나고 가창력이나 연기력이 좋아서만은 아니라고 한다. 직업 차별이 심한 일본에서 한국계가 그나마 할 수 있는 일이 연예인으로 물러설 곳이 없었던 한국계가 그나마 살아남을 수 있는 분야가 연예계라고 말할 수 있다.

흥미로운 사실도 있다. 한국계 연예인 중에는 유독 고학력자가 많다는 사실이다. 메이지대학 출신인 다카쿠라 켄과 비토 다케시를 비롯해 한국계 일본 연예인 중에는 명문 대학 출신이 많다. 일본 대중문화 연구가들은 학력 수준이 높은 한국계 연예인들이 연예계 오피니언 리더로 떠오르면서 일본 연예계에 지성을 불어넣었다고 본다.

한국계 일본인은 또한 연예기획자나 프로듀서, 감독으로도 많이 활동하고 있다. 비토 다케시와 함께 일본 영화계에서 선두 그룹을 형성하고 있는 전술한 최양일 감독은 '최양일 사단'이라고 불릴 만큼 계보를 형성하고 있다. 음반계에서도 하마 게이스케 등 많은 한국계 작곡가들이 스타 제조기로 분투하고 있다. 이밖에 일본의 유력

극단으로 성장한 '신주쿠 양산박'의 김수진 대표나 연이어 히트 작품을 내고 있는 극작가 스카 고헤이도 한국계로 알려져 있다.

일본에서 활동하는 한국계 연예인에게 재일동포라는 사실이 밝혀지는 것은 치명적일 수 있다. 한국계임을 드러내는 것은 동성애자임을 밝히는 것만큼 연예인에게 부정적이었다. 이가와 하루카와 같은 탤런트는 한국계임을 밝혔다가 큰 파문을 일으켰다. NHK 아침 드라마 「봄이여 오라」에 출연하던 야스다 나루미는 한국계라는 이유로 중도 하차해 문제가 되었다.

2002년 이후 한국 붐(한류)이 다소 일본 연예계에서 재일동포의 입지를 바꾸는데 일조할 것이라고, 했을 것이라고 희망해 본다.

| 7 |

음악, 무용 공연장의 재일동포

재일동포 음악

일본 연예계의 가수와 달리 재일동포 사회에서 음악은 고국에 대한 그리움, 한으로 많이 표현되어 왔다.[18] 특히 일본으로 건너온 조선인은 자신들이 살았던 고향의 민요나 춤을 즐기면서 서로의 마음을 위로해 왔다. 재일동포가 연주한 가락과 리듬은 재일동포 사회의 모습을 그대로 반영하고 있다.

재일동포 음악가들의 활약은 시대별 흐름이 다르다. 해방 이전 서양 음악의 영향을 받은 재일동포 출신 가수와 음악가들이 일본의 연예계나 음악계에서 활동이 왕성

18 세계한민족문화대전, 참조

했다. 대표적으로 나가타 겐지로(永田絃次郎, 김영길(金永吉)), 구가야마 아키라(久我山明, 손목인(孫牧人)), 오바타 미노루(小畑実, 강영철(康永喆)) 등이 활약했다. 해방 이후에는 오바타 미노루와 같은 스타급 가수뿐만 아니라 재즈 밴드를 이끌었던 길옥윤(吉屋潤), 탱고 가수 마키 히로시(牧博, 조대훈(趙大勳)) 등이 인기를 모았다. 손목인이나 길옥윤은 한국과 일본을 넘나들며 음악계에서 활약했다. 해방 직후 해방 가요가 재일본조선인총연합회계 운동에서, 그리고 남한의 혁명가로 유행했다.

1960년대 이후부터 재일동포 2세의 음악가와 가수가 본격적으로 등장했다.[19] 재일동포 2세들은 일본 사회에서의 사회적 차별을 극복하는 대안으로 음악가나 가수를 선택하여 사회적 성공을 위한 발판을 삼고자 했다.

1980년대 이후 한국에서 일어난 민중 문화 운동의 영향으로 사물놀이 그룹이 재일동포 사회에서 여럿 결성되었다. 한국의 국악을 계승한 민영치(閔榮治), 판소리 창자 안성민(安聖民) 등이 활동하고 있다. 1990년대 이후부터는 재일동포 3~4세대 아티스트가 계속해서 등장하

19 이하 대중음악은 다음의 책을 참조(국제고려학회 일본지부 재일코리안사전 편찬위원회 편, 정희선·김인덕·신유원 역, 『재일코리안사전』, 선인, 2012).

였다. 재즈에서 유명한 게이코 리, 안 샐리, 팝에서는 크리스탈 케이, 소닌, 지휘자로는 김세이쿄(金聖響) 등이 일본과 한국만이 아닌 세계적인 스타로 주목받았다. 특히 2005년 제작된 영화 「박치기」에서도 등장하여 우리에게도 잘 알려진 「임진강」은 더 포크 크루세더즈(The Folk Crusaders)가 불러 일본의 포크송 「임진가와[イムジン河]」로 유명하다.

제주 출신 음악가 한재숙은 도쿄 필하모닉오케스트라를 지휘할 정도로 음악적 수준이 높았고, 민족 음악을 세계화하는 데 앞장섰다. 양방언은 세계적인 피아니스트로 아시아의 뉴에이지 아티스트로 알려져 있다. 2014년 11월 국립극장 해오름극장에서 「양방언 Evolution 2014 단독 콘서트」를 열였고, 2017년 3월 23일 경상남도예술문화회관에서 「양방언 Evolution 2017 콘서트」가 열렸다.

재일동포 무용

재일동포 무용의 경우, 활동은 일제강점기로 거슬러 올라간다. 1920년대 후반에 배귀자의 활동이 왕성했다. 배귀자는 「아리랑」과 「도라지」와 같은 신민요에 맞추어 전통 무용을 주로 추었다. 1930년대 후반부터 활동한 최승희의 등장은 획기적이었다. 최승희는 조선 무용을 모티프로 창작 무용을 공연했다. 최승희의 명성은 세계적으로 동양의 무희라는 절찬을 받았다.

해방 후 일본에서 재일동포에게 전승되고 있는 무용은 한국에서 계승되고 있는 전통 무용과 북한으로부터 계승되고 있는 전통 무용 크게 두 가지로 나뉜다. 한국에서 전승된 무용은 1950년대부터 1960년대 한국에서 일본으로 건너간 정민(鄭珉)을 비롯한 무용가들이 한국계 민족학교와 개인 학원에서 한국 무용을 가르치면서 계승되었다. 당시 재일동포는 한국에 가서 뛰어난 대가로부터 전통 무용을 전수받고자 했다. 1962년 제정된 중요무형문화재 기능 보유자로 인정받았던 무용가들에게 무용을 배우고 인정받으면 일본으로 돌아가 활발한 활동을 했다. 한국에서 전통 무용을 배우고 일본으로 돌아가 한국의 전통 무용을 가르치는 무용가도 오늘날 활동하고 있다.

1945년 이후 북한에서 전승된 무용은 재일본조선인연맹의 조선 민요와 악기 연주, 조선 무용, 조선어 연극의 공연이 문화공작대에 의해 이루어졌다. 문화공작대는 재일동포들에게 계발과 선전을 목적으로 동포가 생활하는 지역을 순회하면서 공연을 개최했다.

해방 이전 일본의 예술 대학 등에서 성악을 배운 사람들이 참여하기도 했다. 1955년 재일본조선인총연합회가 결성되고 이어 재일조선중앙예술단이 결성되었다. 1959년부터 귀국 운동이 시작되었을 때 북한에서는 이미 체계화된 최승희의 조선 무용이 전승되었다. 1974년 금강산가극단에서 조선 무용이 전승되고 있었다. 1984년 임추자(任秋子)·이미남(李美南) 등의 무용가들이 북한에서 인민 배우 칭호를 받았다. 오늘날 일본의 조선 학교에서는 체계적인 조선 무용이 계승되고 있다. 조선 무용을 배운 백향주(白香珠)는 한국에서 무용가로 활약하고 있다.

재일동포 2세 무용가 배이화는 강제연행의 역사를 알리는 활동을 하고 있다. 고등학교를 졸업하고 동해가무단에 입단하여 한국 전통 무용을 배우면서 예술단원으로 활동했다. 1993년 개인 무용 교실을 열어 재일동포와 일본인에게 한국 무용과 한국의 전통 악기를 가르치면서 교토 지역의 중·고등학교를 순회, 인권 강사로 활동했다.

일본의 영상작가 미나토 겐지로는 일본 사회의 소수민족 차별에 맞섰던 배이화의 삶을 조명하기 위해 다큐멘터리 영화 「꽃처럼 있는 그대로」를 제작했다.

전통 무용은 고국을 떠나 온 재일동포에게 고국과

민족에 대한 기억의 장치로서의 역할을 했다.[20] 재일동포가 한국의 전통 무용을 직접 익혀 나감으로써 재일동포의 정체성을 확립해 갔다. 전통 무용은 일본 공립 학교에 다니는 어린이들에게 중요한 민족교육이기도 했다.

최근에는 재일동포가 한국이나 북한에서 직접 전통 무용을 배워서 일본으로 돌아가 재일동포나 일본인들에게 무용을 가르치며 계승, 발전시키고 있다.

---

20 한영혜, 『재일동포와 민족무용-냉전의 문화지형과 디아스포라 정체성-』, 한울, 2021 참조.

| 8 |

재일동포는 왜 스포츠에 강할까

일본에는 재일동포 출신의 스포츠맨이 많이 활동하고 있다.[21] 물론 최근에 한국에서 일본에 간 사람도 있지만 아직까지는 재일동포가 많다. 이들은 보통 일본 사람과 달리 취직이 잘 되지 않는 상황에서 차선책으로 연예인의 길, 스포츠맨으로 살아가는 길을 택한 경우도 있다. 사회 각 분야에서 틈새를 공략하는 것이 일본 사회 속의 재일동포의 모습이지만 반면에 스포츠, 연예계에서는 상당한 발언권을 갖고 있다.

21 이하의 주요한 내용은 다음을 참조(국제고려학회 일본지부 재일코리안사전 편찬위원회 편, 정희선·김인덕·신유원 역, 『재일코리안사전』, 선인, 2012; 세계한민족문화대전).

일본 씨름, 스모 속 재일동포

일본 문화를 말할 때, 스포츠 중에서는 먼저 스모를 이야기한다. 위성방송을 통해 우리도 쉽게 접하는 스모는 이미 세계적인 일본 스포츠가 되었다. 일본의 스모계에는 외국인 선수들도 크게 활약하고 있는데 최근에는 외국인 선수 영입을 자제하고 있다고 한다. 1995년 3월에는 외국인 스모 선수 입문을 제한한다고 공식적으로 발표했다. 일본 스모계의 사정을 감안한다면 문호를 좁힐 수 없는 것이 현실이다.

현재 일본 스모는 국제화되어, 뉴욕, 하와이, 런던, 파리 등지에서도 흥행하고 있다. 즉, 세계 여러 나라 사람들에게도 인기가 있다는 것이다. 스모계에서는 스모를 하기 위해 귀화할 것을 요구하고 있다. 귀화에는 일정한 자격요건이 있다. 만약 이 요건을 충족시키지 못한다면 스모를 계속할 수 없다. 더구나 스모계를 뒤돌아보면, 어떤 잣대로 일본인으로서의 순수한 혈통을 따질 수 있는지 의문스럽다.

오늘날 일본 스모계가 이처럼 발전한 것은 많은 한국계 선수들이 흘린 피와 눈물과 땀이 있었기 때문이다. 45대 요코즈나(横綱)였던 와카노하나 간지(若乃花幹士), 50대 요코즈나 사다노야마신마쓰(佐田の山晉松), 다마노우미우메

키치(玉の海梅吉), 미에노우미(三重ノ海) 등이 바로 그들이다.

특히 스모를 하다가 레슬링으로 돌아선 전설적인 인물 리키도잔(力道山), 역도산이 있다. 프로레슬러 역도산은 한국과 일본 사람의 기억 속에 지금도 고스란히 남아 있다. 그는 한국 사람이었다.

역도산은 1924년생으로 고향을 잃고 함경도 지방과 만주 지방을 돌다가, 13세 때 다마노우미우메키치의 아버지뻘 되는 사람에게 발탁되어 스모계에 뛰어들었다. 호적상으로는 나가사키(長崎)현에서 태어난 것으로 되어 있지만, 역도산의 본명은 김신락(金信洛)이다.

스모계에 들어선 이후 연전 연승해 1948년에 세키와키(關脇)가 되었다. 26세 때인 1950년 8월, 그는 스모 선수의 상징인 상투 머리를 스스로 잘라 버리고 스모를 그만두었다. 이유는 여러 가지로 이야기되는데, 지병인 폐디스토마 때문이라고도 하고 돈 문제 때문이라고도 한다. 또 스모를 하면서 느낀 한계 때문이라는 말도 있다. 즉, 스모는 일본의 국기(國技)이기 때문에 조선 사람은 아무리 잘해도 결국 한계가 있다고 느꼈을 것이다.

1951년 가을, 프로레슬러로 전향한 역도산은 전 세계 챔피언인 보비 브란즈와 데뷔전을 치렀다. 이후 미국 수업의 길에 올라 체코의 호랑이, 텍사스의 성난 황소, 러시아의 귀신 등 강적들을 차례로 제압하면서 북미 대륙을 석권했다. 역도산은 '일본의 빛나는 별'이라고 해, 총 3백 회 출전해서 단 5회만 패배를 당했다.

프로레슬러가 된 역도산은 1953년 개선 장군이 되어 일본으로 돌아와 일본프로레슬러협회를 발족시켰다. 검은 타이즈 차림에 공수도 포즈를 취한 역도산의 모습은 패전으로 피폐해진 일본 국민들에게 한줄기 빛과 같은 존재였다. 어렵고 힘든 생활 속에 역도산을 보는 것은 삶의 활력이었다. 그때 막 인기를 얻기 시작한 텔레비전에 역도산이 나오는 밤이면 다방 커피 값이 두 배로 오를 정도로 프로레슬링 붐이 일어났다. 역도산은 일본에서 천황에 버금갈 만큼 유명한 사람이 되었고, 아리따운 스튜어디스 출신 여성과 결혼식도 올렸다.

1963년 12월 도쿄 아카사카의 카바레에서 역도산은 칼에 찔린다. 겉으로는 사소한 시비 때문이었다. 칼에 맞고 병원으로 옮겨졌지만 결국 1주일 만에 사망했다. 그의 나이 만 39세였다.

일본 야구 속 재일동포

한국처럼 봄이 되면 일본에서는 프로 야구가 개막된다. 프로 야구는 미국과 일본, 한국에서 크게 인기를 끌고 있다. 한국의 프로 야구도 일본에 비해 역사는 짧지만, 인기만큼은 다른 스포츠에 뒤지지 않는다. 초창기 한국의 프로 야구는 일본의 영향을 적지 않게 받았다. 여기에는 장훈의 역할이 있었다. 장훈은 하리모토 이사오(張本勳)라는 이름으로 1940년 히로시마에서 태어났다.

어린 시절 장작불에서 구르는 사고로, 그는 오른손 새끼 손가락과 약지 손가락이 붙는 상처를 입었다. 이를 극복하기 위해 장훈은 토스베팅이라는 독특한 방법을 개발했다. 장훈은 기록의 사나이이다. 일본 프로 야구 사상 가장 많은 안타인 3,085개를 친 선수다. 일본 프로 야구 선수인 오 사다하루(王貞治)와 더불어 눈부신 활약을 보인 장훈은 "오 사다하루가 세계의 왕이라면 나는 아시아의 장본인이다"라는 말을 남겼다.

한국계 선수들을 언급하지 않고는 일본 프로 야구의 역사를 말할 수 없을 정도로 한국계 선수들은 많은 기록을 수립했다. 이 가운데 후지모토 에이유(藤本英雄)가 기록한 완봉승은 일본 프로 야구 사상 최초의 쾌거였다. 그리고 장훈 즉, 하리모토의 수위 타자 7회와 4년 연속 수위 타자 기록은 지금도 주목받는다.

가네다 마사이치(金田正一)도 여러 가지 대기록을 세웠다. 그는 상업고등학교를 다니다가 학교를 그만두고,

1950년 8월 일본의 국철팀에 입단했다. 이후 가네다는 괄목할 만한 기록을 세웠다. 왼팔 빠른 볼과 브레이크가 잘 듣는 커브를 무기로 삼아, 입단 2년째인 1951년부터 1964년까지 연속 20승이라는 불멸의 대기록을 달성했다. 통산 4,490개의 탈삼진은, 2위 1,102개를 압도적인 차이로 누르는 기록이다. 1969년 현역에서 은퇴할 때까지 그는 통산 4백승을 기록했다. 이 역시 2위인 50승을 엄청난 차이로 앞질렀다. 가네다는 현역에서 은퇴한 다음에 롯데 감독으로 복귀했다. 그리고 롯데를 일본 최고의 팀으로 만들었다.

일본에서는 최고의 야구선수가 되면 명예의 전당에 들어가는데, 한국계 선수로는 1995년까지 후지모토, 가네다, 하리모토가 있다. 사실 이들 한국계 선수의 활약을 통해 일본 프로 야구가 발전했다고 해도 과언이 아니다. 이들이 흘린 땀과 눈물이 뒷받침되어 오늘날 일본 야구의 발전을 가져왔다.

한국 야구의 전설로 김성근이 있다.[22] 그는 1941년 10월 30일 출생이다. 2024년 5월 현재 82세이다. 교토시 출생으로 경상남도 진양군이 본적이다. 교토 부립 가

22 김성근, 『인생은 순간이다』, 다산북스, 2023 참조.

쓰라고등학교를 졸업했다. 전(前) KBO 리그 OB 베어스를 비롯해, LG 트윈스, SK 와이번스, 한화 이글스 감독이자 일본프로야구 치바 롯데 마린즈, 후쿠오카 소프트뱅크 호크스 등의 프런트 및 코치를 역임했다. 2022년 10월 16일, 50년의 코치, 감독 등의 생활을 접고 은퇴했다.

고등학교 졸업반 때 김성근은 재일동포 학생야구단에 포함되어 한국을 방문하게 되었다. 당시 재일동포 학생야구단은 재일 대한야구협회에서 기획했다. 김성근은 3학년 때 예선에서 나름 빼어난 활약을 하면서 여기에 포함될 수 있었다. 1959년 제4회 재일동포 학생야구단에 포함되어 처음 한국 땅을 밟게 되었다.

이후 동아대를 중퇴하고 일본으로 돌아간 후, 김성근은 1961년 초 재일 대한야구협회 최태환의 인맥으로 난카이 호크스 2군 캠프에서 테스트를 받았다. 1961년 교토 상호차량 사회인야구팀에서 뛰고 있던 그는 선배 배수찬의 도움으로 한국의 실업야구팀 교통부에 입단하면서 한국 실업 야구 리그 선수 생활을 시작했다.

1964년 12월, 김성근은 일본으로부터 더 이상 비자 갱신이 되지 않자, 일본 거주권을 포기하고 영주귀국을 결심한다. 이때 김성근은 홀어머니와 친척, 친구들과 모두 생이별하고 홀로 대한민국으로 영주 귀국했다.

일본 골프 속 재일동포

일본 스포츠에서 야구 이외에 한국계가 두각을 보이는 것이 골프이다. 일본 프로 골프계의 자존심으로, 세계의 아오키라고 불리는 아오키 이사오(青木功)가 있다. 그 역시 한국계이다. 치바(千葉)현에서 태어나 중학교를 졸업한 아오키는 곧바로 도쿄의 골프장에 캐디로 취직했고, 22세의 나이에 프로 골퍼가 되었다. 프로 골프 선수가 되기 위해서는 프로 테스트를 받아야 했다. 이를 위해서는 5만 엔이 필요했다. 그러나 그에게는 단돈 5천 엔밖에 없었다고 한다. 당시 그는 무절제한 생활을 하면서, 엄청나게 많은 술을 마셨다고 한다. 궁리 끝에 아오키는 있는 돈을 경륜에 투자해서 운 좋게 3만 엔을 땄다. 나머지 2만 엔은 친구에게 빌려 가까스로 마련했다. 만일 그때 테스트에 응할 수 없었다면, 오늘날의 아오키는 존재하지 못했을 것이다.

우여곡절 끝에 프로 테스트에 합격했지만, 아오키의 프로 골퍼로서의 인생이 그리 쉽게 풀리지는 않았다. 관동 프로 골프 선수권대회에서 4년 내리 예선에서 탈락했다. 1971년, 이번에도 탈락하면 골프를 그만두고 볼링을 해야겠다고 생각하던 중에 대회에서 우승을 거두었다.

이후 아오키는 감각이 살아나서, 1989년까지 일본 국내의 메이저 토너먼트를 포함한 각종 대회에서 52승을 올렸다. 해외에서도 승승장구, 세계 4대 투어에서 우승을 차지했다. 1980년 아오키는 전미오픈대회 때 잭 니콜라우스와 끝까지 경합을 벌였는데, 이 시합은 1980년대의 베스트 게임으로 미국 매스컴으로부터도 극찬을 받았다. 프로 골퍼로서 아오키가 치는 1백 야드 이내의 숏은 세계 제일이라는 평을 받는다.

일본의 골프 역사에서 거의 유일하게 세계적인 선수로 꼽히는 아오키 이사오, 그 역시 한국계이다.

일본 유도 속 재일동포

재일동포 스포츠맨은 유도에도 강자가 많았다. 최근에는 추성훈(秋成勳, 아키야마 요시히로(秋山成勳))와 허(許)미미 등이 유명하다.

추성훈은 연예인이라고 한국에서는 생각하기도 한다. 유도선수에서 출발하여 격투기 선수로 널리 이름을 알렸다. 이제는 한국 내 많은 연예 오락 프로그램에 출연해서 명성을 얻고 있다.

허미미는 2024년 프랑스올림픽 때 한국인이 많이 알게 되었다. 그녀는 실력 있는 유도선수로 작지만 강한 한국인 토종의 모습을 보여주었다. 그리고 세계대회에서는 마침내 승자가 되었다. 동생 허미오도 유도 선수이다.

재일동포는 일본 사회에 뿌리 깊게 자리 잡고 있는 민족적 차별과 배제를 극복하고 많은 분야에서 활약해 왔는데 특히 스포츠 분야는 두드러진다. 앞서 기술한 프로레슬링의 역도산이나 공수도(가라테)의 최영의(최배달, 大山倍達)와 같은 재일 1세들의 활약은 물론 재일동포 2세, 3세들의 활약도 주목할 만하다. 스포츠 무대에서 많은 활약을 하거나 현재도 활약하고 있는 재일동포는 아주 많다.

| 9 |

월경을 넘은 미학, 재일동포 화가

일제강점기 한민족의 미술은 일본 유학을 한 미술학도가 주도하면서 근대적인 모습을 서서히 갖추기 시작했다고 생각한다.

일본 미술 유학생

일본에 간 미술 유학생들이 미술학교에서 교육을 받았다. 한국 서양화가 가운데 제1세대들이 주로 공부한 곳은 일본으로, 특히 도쿄미술학교가 주목된다. 1915년 도쿄미술학교 서양화과를 졸업한 고희동은 한국 최초의 서양화가가 되었다.

고희동과 쌍벽을 이룬 서양화가 김관호 역시 도쿄미술학교에서 수학했다. 그는 1916년 일본 문부성이 주최하는 문전(文展)에, 강변에서 머리를 감고 있는 누드 여인 두 명을 그린 「해질녘(夕暮)」이라는 작품을 출품해 특선에 뽑혔다. 이 밖에도 김찬영, 김복진을 비롯해 공진형, 이제창, 도상봉 등이 도쿄 미술학교 서양화과에, 이한복이 일본화과에, 임숙재가 도안과에 들어갔다. 이후 1945년까지 8명이 도쿄 미술학교의 조각과와 목조각과 등을 졸업했다.

이 가운데 김복진은 최초의 근대 조각가로 꼽힌다. 그는 「여자(女)」라는 작품에서 서양 누드의 전통을 따르면서도 충실한 관찰에 의해 동양 여성의 얼굴과 신체 비례를 구현하였다. 거친 표면 질감을 잘 나타냈다. 이것은 서구적인 비례를 그대로 표현하는 다른 조각과 대비되는 작품이었다.

유명한 문인 팔봉 김기진의 동생이기도 한 김복진은 다른 화가들과 달리 조선의 독립과 해방에도 많은 관심을 갖고 있었다. 김복진은 카프의 창립에 주도적으로 참여해, 기관지 『예술운동』의 표지를 디자인하고 「주제 강조의 현대미술」이라는 글을 발표하기도 했다. 뿐만 아니라 서열 1위로 중앙위원이 되어 강령과 규약을 기초하는 등 정력적으로 활동했다. 그는 또 외곽 조직인 창광회에 관여해, 카프 내에 독자적인 미술가 그룹을 형성해서 미술계에서의 세력 강화도 도모했다. 당시 프롤레타리아 미술가들은 선전 활동과 유기적으로 결합되어 있었고, 노동·농민운동에도 관여했다. 이는 당시에 살포되었던 포스터, 전단 등을 이들이 주로 제작했던 사실에서 확인할 수 있다.

김복진은 제3차 조선공산당에도 참가해 당의 강령 초안 작성에도 참여했다. 당시 그는 한설야와 견지동에 있는 카프 사무실에서 숙식하며 운동에 전념하느라 작품을 거의 제작하지 않았다. 특히 제3차 조선공산당 대회 이후, 김복진은 제4차 조선공산당 경기도당 위원, 고려공산청년회 중앙위원 및 선전부원, 경기도 책임비서, 학생위원회 위원장을 맡았다. 이 시기에 그는 일본제국주의의 지배를 배제해 조선의 독립을 도모하며, 사유재산제도를 부인한 프롤레타리아 독재를 수립해 궁극적으로는 공산주의 사회를 실현하기를 열망했다.

김복진은 일제의 침략으로 이전에 보지 못했던 '외래미술'이 발기한 사실에 주목하고, 이것은 '재래미술'의 패배로 귀결된다고 생각했다. 아울러 그는 서화협회, 고려미술원, 삼미회, 창미사 등의 단체를 특권 계급의 목적을 달성하기 위해 성립한 것이라고 비판했다. 그는 신라의 불상으로부터 당시 서화협회를 설립하며 활발한 활동을 벌이던 조석진에 이르기까지, 그간의 미술작품은 모두 생활과 민중으로부터 유리된 미술이라고 규정했다. 또한 종교에 대한 마르크스주의적 이해에 기초하여 종교미술이 민중을 마취시켜 왔다고 신랄하게 비판했다.

이렇게 김복진은 계급적 시각에서 미술가의 자세와 임무를 현실 생활과 결부시켰고, 사회적 요구를 적극적으로 반영했다. 그리고 예술은 인간의 고통과 사회의 악을 그려야 한다고 믿었다. 김복진은 예술의 초계급성을 부인하고 '무산 계급 예술의 존재권'을 제창했다.

그는 목적의식적인 투쟁과 정치적 의미를 내포한 예술론을 피력했다. 또한 미술운동을 전체 민족운동 속에서 사고하면서 미술운동의 독자성과 민족운동에서 점하는 위상을 분명히 함으로써, 미술운동과 미술가의 역할을 구체적으로 사고했다. 이러한 김복진의 생각은 일본 유학과 국내 사회운동을 통해 잉태된 것이었다.

1930년대 들어 일본에서 프롤레타리아 미술운동은 최고조에 도달했다. 당시 도쿄 미술학교 졸업생 가운데 약 1/3정도가 프롤레타리아 미술의 영향을 받았다. 특히 조선인으로서 이러한 경향을 띤 사람으로는 우선 황술조를 들 수 있다. 그는 프롤레타리아적인 작품인 「의사(義士)」, 「굴뚝 청소부」를 그려냈다.

재일동포 유학생들은 나프가 개최한 프롤레타리아 미술전람회에도 작품을 출품했는데, 정하보가 그중 한 사람이다. 정하보는 1930년 1월부터 나프에 소속되어 있던 유일한 외국인으로, 어릴 때부터 일본에서 신문 배달을 하면서 미술학교에 다닌 실력파 화가였다. 정하보는 1930년 귀국 후 수원에서 열린 제1회 프롤레타리아 미술전을 주도했다. 이 전시회에 정하보의 「조선공산당의 공판일」이나 야베 토모에(矢部友衛)의 「직장에서 오는 길」이 전시되었다. 이 작품은 일본의 제1회 프롤레타리아 미술전에서 높은 평가를 받았던 작품이다.

미술 분야에서 유학생이 일본과 교류했던 것은 잘 알려져 있다. 일본에 건너간 조선인 유학생들이 프롤레타리아 단체에 소속해 활발하게 활동한 것은 코프에서였다. 결국 카프 도쿄지부가 무산자사, 동지사를 거쳐 코프 내에 흡수, 통합되어 가는 과정에서 조선인 활동가가 일본 프롤레타리아 단체에서 확고한 자리를 잡게 된 것이다. 이때 활동한 사람으로는 박석정, 윤상열 등이다. 이들은 프롤레타리아 미술가동맹의 조선인 위원이었다.

박석정은 1929년 10월에 일본으로 건너가서, 1932년에는 프롤레타리아 미술가동맹 식민지위원회 위원장을 맡았다. 그는 코프에 가맹하는 동시에 카프에도 소속되어 있었기에, 조선과 일본을 연결하는 다리 역할을 했다. 특히 그는 동지사의 핵심 인물로서, 동지사를 해체할 때 안막과 해체선언을 기초했다. 미술 활동에도 적극적이어서 일본 프롤레타리아 미술연구소의 공동 작업에도 참여했다.

박석정의 작품 「한일 노동자여 단결하라(日朝勞動者團結せよ)」는 표현기법에 미숙함이 보이나, 순박함이 잘 표현되어 있다. 그는 윤상열과 코프 조선협의회가 발행한 『우리동무』와 한국어 만화 『붉은주먹』의 발행에도 깊이 관여했다. 프롤레타리아 미술가동맹 조선위원회가 발행한 『붉은 주먹』은 재일동포의 계몽을 목적으로 발행되었던 출판물이었다.

일본에 미술을 배우려고 간 유학생들은 미술학교에 다니면서 여러 전시회에 작품을 출품했다. 이들은 또 대규모 단체전이나 소규모 동인전에서도 활동했다. 1930년대 일본에는 화가 지망생이 50여 명 정도였다고 한다. 이들은 예비 학교를 다니면서 데생을 공부하고 입학시험을 보았다. 일본의 전위적 미술단체가 주최한 자유미술가협회전에는 김환기, 유영국, 문학수, 이중섭의 이름이 보인다.

1937년 2월 자유미술가협회가 결성될 때 일본대학

연수과에 적을 두고 있던 김환기는 전시회가 열릴 당시 조선에 있었지만 작품을 일본으로 보내 전시에 참여했다. 그는 1939년 자유미술가협회 조선지부장에 임명되기도 했다.

도쿄의 분카(文化) 학원 출신인 이중섭은 1930년대부터 소를 주제로 한 작품들을 제작했는데, 자유미술가협회전에 참여해 '태양상'을 수상하기도 했다. 자유미술가협회는 1940년에 부민관에서 미술창작가협회 경성전을 열었다. 이 밖에 미술문화협회전, 백만회전 등에도 유학생들의 작품이 출품, 전시되었다.

프롤레타리아 미술운동의 대척점에 위치한 대표적 인물로, 도쿄 미술학교 출신의 심형구를 들 수 있다. 용인의 지주 집안 출신인 심형구는 어려서부터 그림에 남다른 소질을 인정받은 사람이었다. 일본에 건너간 그는 도쿄 미술학교 유화과에 응시했으나 두 번이나 실패하고, 가와바타(川端)미술학교에서 데생 훈련을 거친 후에야 합격했다. 그는 「나부(裸婦)」로 유명한 화가 김인승과 교류하면서 실력을 쌓았고 점차 인정받는 학생으로 발돋움했다. 심형구는 일본의 권위 있는 미술전인 제국미술원전람회와 문부성미술전에 출품해 특선과 입선을 했다. 또한 도쿄미술학교 재학 시절, 제15회 선전(鮮展)에 첫 출품해 「늙은 어부(老漁夫)」로 특선을 받았다. 도쿄미술학교의 학풍을 따른 그의 그림에는 인물화나 풍경화의 넓은 붓질과 대담한 색면 처리, 황갈색조의 톤이 화면 가득 담겨 있다. 심형구는 선전의 추천작가로 활동했고, 1944년 마지막 선전에서는 '참여작가'의 특혜를 받기도 했다. 그것은 친일활동에 대한 대가였을 것이다.

하정웅미술관, 하정웅

광주에서는 재일동포 작가의 작품 전시가 지속되고 있다. 하정웅미술관이라는 재일동포의 이름을 갖고 있는 별도의 공간이 있어서인지 이우환을 비롯해 송영옥, 김석출 등의 작품이 전시되고 있다.[23]

일본 오사카미술학교를 나온 재일동포 송영옥은 일본에 사는 재일동포의 민족적 울분을 작품을 통해 해소했던 작가다. 일본 자유미술협회전 평화상을 수상한 「백제관음상」은 「고독의 왕자」와 더불어 그의 최고 걸작으로 불린다.

또 다른 작품을 생산한 김석출이 있다. 1937년 파블로 피카소가 스페인 시골 마을 게르니카에 대한 독일 공

23 김명지, 『재일코리안 디아스포라 미술과 정체성』, 선인, 2019 참조.

군의 무자비한 폭격에 분노해 「게르니카」를 그렸던 것처럼 그는 분노와 당혹감에 몸을 떨다 붓을 들었다.

재일동포의 미술에서 주목되는 인물이 있다. 화가가 아닌 컬렉터이다. 하정웅(河正雄)이라는 사람이다.[24] 그는 다섯 남매의 장남으로 태어났다. 그는 어려서부터 그림을 그렸다. 아키타시까지 3시간을 걸어 학교를 다녔고 고등학교 시절 지역회화연맹 회장을 맡았다. 이때 아키타의 풍경을 그림에 담았다. 마을 사람들과 그들이 벌이는 축제, 농사짓는 모습을 담은 그림들은 많은 기쁨을 주었다고 한다.

1950년 고등학교 3학년 때, 하정웅은 「산속의 전원풍경」으로 아키타현 전시회에 입상을 했다. 그는 당시를 고단한 타국살이 속에서 만난 희망 가득한 세계였다고 회상한다. 학창시절 미술에 재능이 있었지만 자신의 뜻을 펼치지 못했다.

하정웅은 당시 그림 도구를 사주며 격려해 주었던 다구치 시세이(田口資生) 선생님과 고등학교 진학을 포기하려고 할 때 계속 진학을 권유했던 나카지마 쇼지로(中島昭二郎) 선생님을 잊지 못한다. 그런 환경에서 청년기를 맞

24 광주에 하정웅미술관이 있다. 자세한 내용은 하정웅미술관 홈페이지를 참조.

이했다. 하정웅은 졸업하던 해 졸업증서에 본적을 '조선'이라고 했다. 선생님께 부탁해서 이름을 '가와모토 마사오(河本正雄)'가 아닌 '하정웅'으로 고쳤다. 스스로 '조선인'이라는 뿌리를 숨기지 않고 살아가자는 자신에게 한 '인격 선언'이었다고 회상한다.

이후 하정웅은 화가의 꿈을 단념한다. 화가를 지망했지만, 도쿄까지 가서 암거래 쌀을 판매하시던 어머니가 집안의 기둥이며 장남인 그가 스케치북과 물감, 붓을 드는 것을 용납할 수 없다고 하여 단념했다.

하정웅의 삶에 변환점이 있었다. 재일동포 화가인 전화황의 「미륵」을 24만 원에 구입한 것이다. 이후 그는 컬렉터가 되었다. 당시에는 사는 사람이 전혀 없었던 재일동포 화가의 작품을 하정웅이 사서 모았다.

하정웅은 주목되는 일을 한다. 전화황, 송영옥, 곽인식, 손아유, 김석출, 이우환, 곽덕준, 문승근 등 재일동포 화가들의 전시와 작품 수집, 화집 발간 등을 지원하여 재일예술인의 위상을 높여 오고 있다. 그는 한국과 일본을 넘나들면서 재일동포 화가의 그림과 유수한 미술품을 국내에 소개했다. 1982년 1월 재일동포 화가를 처음으로 한국에 소개했다. 「기도의 예술, 전화황 50년전(展)」을 도쿄와 서울 등지에서 개최했다. 이를 계기로 한국과 일본 미술계가 재일동포 미술가의 존재에 관심을 갖게 되었다.

하정웅은 광주시립미술관을 방문하여 작품 기증을 의뢰받고 컬렉션을 기증했다. 이후 그는 많은 미술품을 국내 주요 미술관과 박물관에 기증했다. 영암에 많은 미술품을 기증하여 하정웅군립미술관을 만들도록 했다. 그가 국내에 들여와 기증한 작품이 1만여 점이 넘는다. 하정웅의 컬렉션은 일상의 언어로 표현되는 것보다 적절한 감성을 그려낼 수 있는 그림을 통해 우리 역사의 일부분인 재일동포 디아스포라의 이야기를 구현하고자 한다.[25]

일본건축 속 재일동포

재일동포 건축가로 이타미 준((伊丹潤, 유동룡(庾東龍))을 주목한다. 이타미 준은 1935년 일본 도쿄에서 재일동포로 태어나 40년 동안 일본과 한국을 오가며 활동했다. '이타미 준(ITAMI JUN)'은 일본식 이름이다. 그가 처음 한국 땅을 밟을 때 이용한 공항이 이타미 국제공항이고, 친구인 길옥윤의 예명 '준', 이 두 가지를 조합하여 이타미 준이라고 지었다.

이타미 준은 한국을 여행하면 한국의 유서깊은 문화

25 백름, 『재일조선인미술사 1945-1962』, 연립서가, 2023 참조.

와 전통 미술에 관심을 가질 수 있다고 했다. 예술가, 건축가인 친구들과 건축 일을 하면서 직관의 힘을 키우기 위해 감정을 단련하며 서예, 조각과 같은 작업을 지속했다. 이타미 준은 2003년 프랑스 국립기메동양 미술관에서 초청 작가로 전시회를 열었다.[26]

재일동포와 재일동포 사회는 한국과 일본 속에서 다양한 모습으로 존재한다. 정치적, 그리고 공간의 제한성은 분명하다. 이에 반해 경제적인 공간과 함께 문화, 예술의 공간은 좀 다르다. 정치를 넘은 다양한 문화 예술의 성과는 재일동포의 삶이 만들어 내고 있다.

---

26 이타미준 건축문화재단(http://itamijun.com/), 유동룡미술관 홈페이지(https://itamijunmuseum.co m/sub01/sub02.php) 참조.

| 10 |

넝마주의를 넘은 정맥산업 속의 재일동포

재일동포는 어렵게 일본에서 살았다. 고물상, 넝마주의라는 단어는 재일동포에게 많이 이야기되었던 단어이다. 이런 고물상을 하던 재일동포가 운영하는 폐기물리사이클회사는 1945~60년대에 창업한 곳이 많다고 한다.[27]

재일동포가 하는 폐기물리사이클회사는 한국전쟁의 특수, 일본의 고도 경제성장과 함께 성장했다. 변화되는 상황 속에서 폐기물리사이클회사, 이른바 정맥산업의 지위와 역할은 변해 왔다.

고철 가격의 상대적 상승과 함께 고철상을 하는 재일동포의 수가 증가하고, 동시에 기존에 고철상을 하던

27 유정수, 『정맥산업 속의 재일동포의 존재, 소중한 이웃』, 박영사, 2021 참조.

재일동포는 성장의 토대가 마련되었다. 실제로 전후 폐품 수집을 하는 노동자의 10의 1은 재일동포였다고 한다.[28] 이것이 어떻게 보면 재일동포의 이미지를 만든 또 다른 요소인지도 모르겠다.

1930년대부터 재일동포 고물상은 오사카(大阪)부, 교토(京都)부, 효고(兵庫)현, 야마구치(山口)현, 아이치(愛知)현 등지에서 많이 활동했다. 적은 자본으로 시작하여 현금을 갖고 사업을 하는 고물상은 가족 중심으로 먹고 사는 좋은 사업이었다.

전후 지속적으로 재일동포의 고물상이 늘고 사업력이 확대되자 이들을 무시할 수 없는 존재가 되었다. 1955년 4월 고철 카르텔이 인가되었고, 일본고철연맹이 조직되었다. 이로 인해 재일동포는 타격을 받았다. 그럼에도 재일동포는 착실하게 존재감을 키우고 이른바 정맥사업에서 비즈니스 기반을 마련해 갔다.

폐기물리사이클회사를 중심으로 하는 정맥산업에서 재일동포도 역할을 하고 있다. 실제로 재일동포는 자원리사이클 보다는 산업폐기물처리를 중심으로 회사를 운영하는 경우도 있다. 그리고 이 가운데 국제무대에 진출

28 木村健二,「第1章 在日朝鮮人古物商の成立と展開」, 李洙任 編著,『在日コリアンの經濟活動』, 不二出版社, 2012 참조.

하는 경우도 있다.

지금도 일본에서 소위 하층산업이라고 하는 정맥산업의 여러 분야에서 재일동포는 자신의 역량을 늘려가고 있다. 일본의 정맥산업에서 족적을 남긴 재일동포는 한국과 일본 사회에서 귀중한 역사의 증인이다.

| 11 |

K-Culture 속에서 혐한(嫌韓)은

혐한(嫌韓)이란 일본 사회의 한국인, 한국 사회, 재일동포에 대한 강한 편견, 혐오의 정서를 말한다.[29] 이런 혐한은 명백한 일본 사회의 사회현상이다. 반면에 일본 사회는 헤이트 스피치[30]를 규탄하고 일본 정부의 역사수정주의를 적극적으로 비판하기도 한다.

1990년대 초반에 한국과 일본 사이에서 형성된 혐한의 분위기는 국경을 넘어 기정사실로 작용하고 극우세력을 생산하여 '재특회(재일한국인의 특권을 용납하지 않는 시민 모임)'라는 세력을 낳았다. 혐한은 양국 사이에서 현상을 넘

29 김경화, 『같은 일본 다른 일본』, 동아시아, 2023 참조.

30 인종, 성별 등을 구실로 하는 개인이나 집단에 대한 공격, 위협, 모욕적인 발언을 말한다.

어 정치세력화 되었고 현재와 미래를 좀먹고 있는 것도 사실이다.

2002년 이후 일본에서는 한국 붐이 일었다. 이른바 일본의 한류이다. 이것이 갖는 특징은 아이돌과 드라마이다. 동시에 여성 팬덤이 작용했다. 초기 한류는 중장년 여성들이 주축이 되었고, 이후 젊은층이 선호하는 K-POP으로 한류 열풍이 전이되었다고 평가한다. 보이그룹, 걸그룹 가리지 않고 여성 팬덤들이 많은 것은 사실이다.

2010년대 K-POP 열풍이 불면서 걸그룹 콘서트나 쇼케이스, 각종 모임 등을 찾는 사람도 많아졌다. 2020년 들어 코로나19 팬더믹 가운데 일본인들이 집에서 지내는 시간이 늘어났다. 이러한 환경 속에서 한국 드라마, 영화, 애니메이션 등을 접하는 일본인이 많아졌다.

현재 일본에서는 다양한 K-Culture에 대해 선호와 혐한이 동시에 보인다. 단순한 우익의 반한에서 이제는 상황이 바뀌었다. 세계적인 한류 열풍은 일본 내 또 다른 문화, 혐한적 열등감으로 나타나는 것이지도 모른다.

IV

미래의 재일동포

| 1 |

재일동포 뉴커머

도쿄에 신주쿠(新宿)가 있다. 신주쿠는 신주쿠역으로 대표된다. 신주쿠역은 여러 철도, 지하철 노선과 많은 버스 노선이 집중되어 있는 일본 최고의 교통 중심지이다. 따라서 최고의 교통량을 기록하는 큰 터미널이 있고, 주변에 도쿄 최대의 부도심(副都心)이 발달되어 있다. 1991년 도쿄 도청이 들어서면서 신도심이 조성되어 스카이라인을 바꾸고 있다.

신주쿠역 동쪽에는 이세탄(伊勢丹), 미쓰코시(三越)를 비롯한 백화점과 고급전문점, 레스토랑 등이 밀집해 있다. 북쪽에는 극장, 영화관, 카바레, 오락실 등이 늘어서 환락가를 이룬다. 서쪽은 제2차 세계대전 후에 발전한 지역으로, 기존의 요도바시(淀橋)정수장을 이전하고 지상 47

층의 게이오(京王)플라자 호텔이 들어서 있다. 이외에도 여러 고층 빌딩이 있어 신주쿠의 면모를 일신했다.

가부키초(歌舞伎町)가 끝나는 곳에 일본 속의 작은 한국, 쇼쿠안도오리(職安通り)가 있다. 이곳에는 한글로 된 간판이 가득하다. 신주쿠역에서 가부키초 방향으로 살짝 빠져나오면 바로 눈앞에 쇼쿠안도오리가 있다. 밤새 감자탕을 먹으며 진로 소주를 마실 수 있는 곳이다.

쇼쿠안도오리에 재일동포과 일본 시민들이 만든 한국 관련 박물관이 있다. 고려박물관이 그것이다. 한일교류 자료와 도서를 전시하는 고려박물관은 재일동포 기업가가 제공한 한국 음식점 건물 9층에 있는 30평 남짓의 공간이다. 전시 유물을 보면, 복제 신라 금관, 조선통신사 행렬 모형, 일본의 한반도 침략사를 소개하는 패널 등이 있다. 재일동포와 일부 일본 시민들에 의해 문을 열게 되었다.

재일동포의 조직 재일본한국인연합회가 있다. 2001년 7월 발족했다. 재일본한국인연합회는 1980년 후반 이후 급속히 늘어난 재일동포 뉴커머의 일본 사회에서의 현실적인 필요에 따라 만들어진 조직이다.[1] 기존의 재일동포 단체와 별도의 조직을 결성한 것으로 상호 부조를

1 김인덕, 『갈등과 화합의 재일코리안 단체의 역사』, 선인, 2021 참조.

내건 친목 단체이나 내용적으로는 한국과 관련한 각종 정치적 문제에 관심을 갖고 있다. 약칭하여 '한인회'라고 한다.

이 조직의 목적은 재일본한국인연합회 회칙에 따르면, 재일동포의 친목과 협력 증진에 노력하고, 권익을 옹호함으로써 재일동포 사회의 통합과 번영을 도모하며, 한일교류와 지역 발전에 공헌할 것이다.[2]

2001년 5월 20일 결성된 본 조직은 2000년 9월 신주쿠(新宿) 오쿠보(大久保)에 거주하는 뉴커머 6명이 모여 '재일한국인을 생각하는 모임'을 조직한 것이 출발이다. 그리고 2000년 12월 2일 각종 재일동포의 문제와 한국 문제에 관심이 있고 함께 할 의지가 있던 사람들이 모여 가칭 '재일한국인 사회를 생각하는 모임'을 갖고 뉴커머의 이해를 대변하고 당면한 문제를 함께 풀어갈 수 있는 단체의 필요성에 동의하고 재일본한국인연합회의 결성을 추진했다. 이를 위해 '한인회 추진위원회'를 설립하고 본격적인 준비 작업에 착수해서 2001년 5월 20일 창립 총회를 개최했다.

재일본한국인연합회 홈페이지는 다음과 같이 '역할

2 재일본한국인연합회(http://www.haninhe.com) 참조.

과 책임'을 정리하고 있다.

> 한인회는 다음과 같은 역할과 책임을 다할 것입니다. 먼저, 한인회는 재일한국인들의 친목과 협력의 장이 될 것입니다. 이국 생활에서도 민족적 정체성을 잃지 않도록 서로 격려하는 한편, 정보의 공유와 다양한 협력 사업을 통해 공동의 이익을 실현해 나갈 것입니다. 다음으로, 한인회는 재일한국인의 권익옹호를 위해 노력할 것입니다. 재일한국인들이 일본 사회에 정착하는데 필요한 안내와 상담을 적극적으로 펼칠 것이며, 이를 위한 법적, 제도적 지원을 갖추는 데도 노력을 경주할 것입니다. 또한 한인회는 일본 사회에서 우리에게 요구되는 책임과 의무에도 소홀히 하지 않을 것입니다. 지역사회와 공존할 수 있도록 다양한 친목 도모사업을 전개할 것이며, 나아가 한일교류의 실질적 담당자로서의 역할을 적극적으로 개척해 갈 것입니다.

한인회의 역할과 책임은 첫째, 재일동포의 친목과 협력의 장이 될 것이다. 둘째, 재일동포의 권익 옹호를 위해 노력할 것이다. 구체적으로는 재일동포가 일본 사회에 정착하는데 필요한 안내와 상담, 이를 위한 법적, 제도적 지원을 갖추는 데 노력을 경주할 것이다. 셋째, 일본 사회에서 요구되는 책임과 의무에도 소홀히 하지 않을 것 등이다.

재일동포 뉴커머 조직으로 관동뿐만 아니라 관서지역 등에 한국인연합회가 있다.

재일본관서한국인연합회는 2010년 9월 29일 창립되었다.[3] 창립된 이후 재일본관서한국인연합회는 일본 관서지역 재일동포 뉴커머 사회를 대표하는 단체로서 역할을 하고 있다.

특히 이 조직은 뉴커머의 권익 신장과 위상 강화를 위해 일하고 다양한 커뮤니티 활동을 통해 다른 단체와 연대, 그리고 2세들을 위한 한민족 정체성 확립을 통해 한인 사회의 새 역사를 창조해 나아가는 일에 주목하고 있다.

이 조직의 창립과 관련한 내용을 보면, 2010년 7월 9일 재일본한국인연합회 임원단이 오사카를 방문하여 관서지방을 대표하는 교민 기업가들과 만나서 관서지방 한국인연합회 설립을 위한 창립 준비 모임을 가졌던 것이 시점이었다.

재일본관서한국인연합회는 재일본한국인연합회 관

---

3 재일본관서한국인연합회 홈페이지(http://www.kansaikorean.org/) 참조.

서지부의 형식으로 출발했다. 창립 총회를 9월 22일 계획하고 있었는데, 당일 창립총회가 있었다. 재일본관서한국인연합회 창립총회는 2010년 9월 22일 오사카부 교육회관에서 재일본관서한국인연합회 창립총회가 열렸다. 300여 명이 참석한 자리에서 초대 회장에 한형섭의 추대로 박양기가 맡았다.

재일동포 이민자로 구성된 이들 조직은 재일동포 경제의 또 다른 중심이다. 현지 사회와 호스트사회의 경계에서 문화적 상품과 민족 네트워크를 활용하여 거듭나기를 시도하고 있다.

2014년 11월 신오쿠보에는 신주쿠한국상인연합회가 발족되었다. 지역활성화, 신오쿠보 다문화공생, 한일우호 등에 앞장서고 있다.

| 2 |

미래 재일동포

코로나19 팬더믹을 지난 환경의 시대에 우리는 어떻게 살아야 하나? 인간에게 사는 것은 절대적인 과제이다. 호키모토 이치로(保木本一郎)는 『핵의 세기말』(1991)에서 이른바 공생을, 지상에 있는 모든 생명의 공생, 사람들의 공생, 통시대적인 공생으로 구분했다. 여기에서 모든 생명의 공생은 에콜로지적 공생이고, 사람들의 공생은 동시대적인 다른 지역 간의 사회, 문화, 에스니시티 간의 공생이며, 통시대적인 공생은 과거와 미래의 세대들과 나누는 미래세대와 공생이라고 한다.[4]

기후 변화, 그리고 질주하는 사회가 낳은 여러 병폐

4 다카기 진자부로 지음, 김원식 옮김, 『지금 자연을 어떻게 볼 것인가』, 녹색평론사, 2007 참조.

들에 대응하려면 에너지 수요 감소와 비탄소 연료 전환에 만족할 것이 아니라, 비판적 자세를 견지하면서 속도의 감소와 더 유연하고 덜 파괴적인 모빌리티를 추구하며 궁극적으로는 속도 경쟁과 공중 장악에 큰 가치를 부여하는 사회적 평가를 거부해야 한다. 동시에 네트워크 자본이 소수의 손에 집중되고 있지만, 지구에 사는 대부분의 인간은 강요 없이 이동하거나 거주할 역량이 포함된 잠재적 모빌리티 역량을 회생시켜야 한다.[5]

인구 이동이 많은 시대 공유경제의 개념을 유지하는 것도 이 자본주의 시대를 사는 또 다른 방법이라고 할 수 있다.

이런 가운데 재일동포는 갖가지 어려움을 넘어 일본에 살고 있다. 질병과 관련하여 보면, 이중적 차별을 당했던 한센병 경험과 변두리의 거주자로서 각종 질병과 성인병에 노출되어 있다.

한 인간이 놓여 있는 환경이 얼마만큼, 그리고 어떻게 그의 삶의 궤적에 영향을 미치는가 하는 문제는 단순하게 말하기 어렵다. 그것은 우선 한 인간이 접하는 환경이 단지 하나가 아니며, 어느 특정 시기에 그가 접하고

5 미미 셸러 지음, 최영석 옮김, 『모빌리티 정의』, 앨피, 2018 참조.

있는 환경이 독립적인 것이 아니라 서로 복잡하게 얽혀 있기 때문이다. 환경에 접촉하여 그것을 수용하는 정도와 그 수용의 과정, 또한 주체에 따라 차이를 나타낼 수밖에 없다.[6]

인류는 핵이 없는 미래를 꿈꾼다. 동아시아 미래는 핵이 없는 사회이기를 꿈꾼다. 그 속에서 미래의 재일동포는 평화의 인도자가 될 것이다.

6 손정수, 「신남철, 박치우의 사상과 그 해석에 작용하는 경성제국대학이라는 장」, 『한국 근대 미학과 우현 미학의 현재성』, 인하대학교출판부, 2006 참조.

재일동포는 역사적 존재이다. 일본 속의 재일동포는 무엇으로 설명할 수 있을까. K-Culture는 한국이 세계 속의 존재임을 보여주고 있다. 이런 가운데 김치, 불고기, 파친코와 함께 역사 속에 재일동포는 존재했다. 차별과 피지배의 역사를 뚫고 재일동포는 일본 사회 속에서 민족적 자존심을 지키고 살아가고 있다.

그렇다. 재일동포, 그들은 일본에 산다. 이들에게 고민이 없는 것은 아니다. 오히려 지구촌 다른 지역에 사는 우리 동포보다 더 많은 고민을 안고 있다. 그들은 일본 속에서 살아왔고 앞으로도 일본 속에서 살아야 한다. 그런데 그들에게는 다른 역사가 있다. 착취 받는 식민지 사람으로서 도항한 재일동포는 다른 민족의 이주 그리고 정착 과정과 근본적으로 달랐다. 생존 방식도 달랐다. 그들은 생존과 투쟁의 역사를 억압과 차별 속에서 만들어 냈다. 그들의 얘기는 지배자의 역사 속에서 단지 지배당하는 민족으로서만 이야기되었다. 일제는 재일동포를 통제와 동화의 대상으로만 생각했지, 그들에게 그 이상을 기대하지 않았다.

재일동포는 잊을 수 없는 많은 이야기를 갖고, 남북한과 일본의 틈새에 존재하고 있다. 한국과 북한에서 사건이 터질 때 그들은 일본 TV를 통해 더 크게 충격을 받는다.

재일동포는 이주민으로 그들에게는 조선인 마을이 있다. 지금은 그곳을 코리아타운이라고 한다. 이곳은 다민족 공동체를 부르짖는 일본 사회에서 외형적으로는 민족적 아이텐티티가 잘 보존되는 곳으로 생각할 수 있다. 그런데 세대가 바뀌고, 새로운 이주자가 들어가면서 재일동포만의 공간이 이제는 아니다. 어쩌면 저항도 할 수 없는, 아니 자연스럽게 공생적 차원에서 동화되어 가는 중간 지점, 그런 장소인지도 모르겠다. 분명히 이전에는, 조선인이 일본에서 만든 '해방구'였다. 일본어도 제대로 모르는 채, 낮 동안의 노동에 시달린 조선인이 밤이 되었을 때 아무 거리낌 없이 쉴 수 있는 곳, 그런 곳이었다.

막걸리, 깍두기, 족발, 한글, 한국말인 조선어가 있

어, 거기만 가도 위안이 되는 곳이었다. 돈이 없어도 이웃이 도와 먹거리도 해결하고, 잠잘 공간도 구할 수 있었으며, 돈벌이도 알아 볼 수 있는 그런 공간이었다.

재일동포는 가기 싫어도 일본에 갔다. 그리고 지금도 일본에 살고 있다. 감히 누구도 버려진 동포라고 할 수 없다.

그런데 재일동포가 한국에 오면, 북한에 가서는 또 다른 이지메를 당하지 않았나 생각해 본다. 북송, 귀국, 귀환... 타향살이를 접은 그들의 새출발, 새로운 삶을 찾아 떠난 고향길을, 고향으로의 복귀를 이렇게 표현한다.

문제는 그들을 민족적으로 소외시키는 우리가 있다는 사실이다. 이민족이 들어와 살기 힘든 우리 땅에 다른 나라에서 살다가 온, 살러 온 그들은 또 다른 이방인이 되어 버렸다.

재일동포는 분단 조국을 넘어 일본에 산다. 오늘도 재일동포는 또 다른 휴전선이 존재하는 일본에서 민족적 고민을 온몸으로 부둥켜 안고 살아가고 있다.

언제까지라도 이것을 참고 지키라는 그 누구의 요청도 없지만, 그들은 선조가 했듯이 그렇게 살아가고 있다. 제국주의 본국 일본에서.

미래의 재일동포는 동아시아적 존재이다. 그들은 한

민족공동체의 중심에 서서 동아시아 평화 공동체를 만들어 가는 원동력이다.

보통 사람 재일동포가 사람으로 대접받는 미래가 진정한 우리의 미래다.

| 참고문헌 |

가지무라 히데키 저, 김인덕 역, 『해방 후 재일조선인운동(1945-1965)』, 선인, 2014.

강덕상 저, 홍진희 역, 『관동대지진과 조선인 대학살의 진상 조선인의 죽음』, 동쪽나라, 1995.

강상중 저, 고정애 역, 『재일 강상중』, 삶과 꿈, 2003.

강홍빈, 『8.15 광복절 기념 열도 속의 아리랑』, 서울역사박물관, 2012.

광주시립미술관, 『송영옥과 조양규, 그리고 그밖의 재일작가들』, 광주시립미술관, 2000.

광주시립미술관, 『하정웅 콜렉션 특별전 최승희』, 광주시립미술관, 2002.

국제고려학회 일본지부 「재일코리안사전」 편집위원회 편, 정희선·김인덕·신유원 역, 『재일코리안사전』, 선인, 2012.

김광열, 『한인의 일본이주사 연구 1910-1940년대』, 논형, 2010.

김상열, 『자이니치 학교들-재일 한인 민족교육-』, 한국이민사박물관, 2013.

김인덕 편, 『식민지시대 민족운동사 자료집-일본지역편-』 1·2, 국학자료원, 1997.

김인덕, 「재일코리안의 한국 경제발전에 대한 기여-1960년대 초창기 국내 투자를 중심으로-」, 『대한민국 국가발전과 재일코리안의 역할』, 동북아역사재단, 2015.
김인덕, 『갈등과 화합의 재일코리안 단체의 역사』, 선인, 2021.
김인덕, 『식민지시대 재일조선인운동 연구』, 국학자료원, 1996.
김인덕, 『우리는 조센진이 아니다』(서해역사문고4), 2004.
김찬정 저, 박성태·서태순 역, 『재일한국인 백년사』, 제이앤씨, 2010.
김학렬 외, 『재일동포 한국어문학의 전개양상과 특징연구』, 국학자료원, 2007.
나카무라후쿠지, 『김석범 화산도 읽기: 제주4·3항쟁과 재일한국인 문학』, 삼인, 2001.
도노무라 마사루 저, 김인덕·신유원 역, 『재일조선인 사회의 역사학적 연구』, 논형, 2010(外村大, 『在日朝鮮人社會の歷史學的研究-形成·構造·變容-』, 綠蔭書房, 2004).
독립운동사편찬위원회, 『독립운동사자료집(별집3)』(재일본한국인민족운동자료집), 독립운동사편찬위원회, 1978.
박미아, 『재일조선인과 암시장: 전후 공간의 생존서사』, 선인, 2021.
박인환, 『조각난 그날의 기억』, 대일항쟁기강제동원피해조사 및 국외강제동원희생자등지원위원회, 2013.
성시열 외 지음, 『교토·오사카와 함께 하는 한국사』, 일본 교토 국제학원, 일본 오사카 금강학원소중고등학교, 2014.
이광규, 『재일한국인-생활실태를 중심으로-』, 일조각, 1983.
이민호, 『민단은 대한민국과 하나이다』, 재일본대한민국민단 중앙본부, 2014.

『일본 한인의 역사(자료집)』, 국사편찬위원회, 2010.
『일본 한인의 역사』 상, 국사편찬위원회, 2009.
『일본 한인의 역사』 하, 국사편찬위원회, 2010.
재일본조선인총련합회, 『총련』, 조선신보사, 2005.
『재일제주인 삶과 역사』, 제주대학교 재일제주인센터, 2014.
정근식·신주백 엮음, 『8.15의 기억과 동아시아적 지평』, 선인, 2006.
정혜경, 「일제하 재일한국인 민족운동의 연구-대판지방을 중심으로-」, 한국학대학원 박사학위논문, 1999.
정혜경, 『日帝時代 在日朝鮮人民族運動硏究』, 國學資料院, 2001.
정희선, 『재일조선인의 민족교육 운동(1945년-1955년) 연구』, 서울기획, 2011.
최영호, 『재일한국인과 조국광복』, 글모인, 1995.
『컬렉터 하정웅 나눔의 미학』, 광주시립미술관, 2014.
하야시에이다이 지음, 신정식 옮김, 『일제의 조선인노동 강제수탈사』, 비봉출판사, 1982.
한일민족문제학회, 『재일조선인 그들은 누구인가?』, 삼인, 2003.
홍기삼 편, 『재일한국인 문학』, 솔출판사, 2001.
황익구, 『재일코리안의 이주와 정주』, 선인, 2021.

『つくられる日本國民』, 大阪人權博物館, 2004.
姜徹 編, 『在日朝鮮韓人史合年表』, 雄山閣, 2002.
久保井規夫, 『朝鮮と日本の歷史』, 明石書店, 2001.
金慶海, 『在日朝鮮人民族教育の原點』, 田畑書店, 1979(정희선 외 역, 『1948년 한신교육 투쟁』, 경인문화사, 2006).

金贊汀,『在日コリアン百年史』, 三五館, 1997.
大沼保昭,『在日韓·朝鮮人の籍と人』, 東信堂, 2004.
史科書在日コリアンの史作成委員編,『在日コリアンの史 : 史科書』, 2006.
朴慶植 編,『在日朝鮮人關係資料集成』1~6, 不二出版社, 2000.
朴慶植 編,『朝鮮問題資料叢書』9卷, アジア問題研究所, 1983.
朴慶植,『在日朝鮮人運動史-8·15解放前-』, 三一書房, 1979.
朴慶植,『在日朝鮮人運動史-8·15解放後-』, 三一書房, 1989.
朴慶植,『朝鮮人强制連行の記錄』, 未來社, 1972.
小澤有作 編,『近代民衆の記錄』10(在日朝鮮人), 新人物往來社, 1978.
水野直樹, 文京樹,『在日朝鮮人 歷史と現在』, 岩波書店, 2015.
任展慧,『日本における朝鮮人の文學の歷史-1945年まで-』, 法政大學出版局, 1994.
在日韓人歷史資料館 編,『寫眞で見る在日コリアンの100年 在日韓人歷史資料館圖錄』, 明石書店, 2010.
朝鮮民衆新聞社,『寫眞集 朝鮮解放 1年』, 新幹社, 1994.
口雄一,『日本の朝鮮·韓人』, 同成社, 2002.
河明生,『マイノリティの企業家精神: 在日韓人事例究』, ITA, 2003.

세계한민족문화대전(http://www.okpedia.kr/)
월드코리안뉴스(http://www.worldkorean.net)
재일본관서한국인연합회 홈페이지(http://www.kansaikorean.org/)
재일본대한민국민단 홈페이지(www.mindan.org)

재일본조선인총련합회 홈페이지(https://namu.wiki/w/)
재일본한국인연합회 홈페이지(http://www.haninhe.com/)
한국민족문화대백과사전(https://encykorea.aks.ac.kr/)

| 찾아보기 |

ㅈ

ㅊ

ㅋ

ㅌ

ㅍ

ㅎ